台灣歷史故事

1

原住民與鄭氏王朝的時代

〔史前～1683〕

故事／王淑芬
顧問／曹永和
審訂／台北市國小社會科輔導團

編者的話

台灣歷史從史前時代開始，一直有著非常豐富的內容。雖然遠古文化的發展仍然有待發掘，原住民的歷史也需進一步整理，但是十七世紀以後的活動都已載入史實。在這段源遠流長的發展過程中，留下了許多影響深遠的事件，與令人懷念的人物。可惜的是，到目前為止還沒有一套適合少年朋友閱讀的完整叢書，以了解台灣歷史的演進。

有鑒於此，聯經出版公司特別邀請了兒童文學作家，根據歷史資料，將重大的事件與人物改寫成歷史故事。涵蓋的時間從史前以至台灣光復，牽涉的主題從艱辛的開發過程、激烈的戰爭與動亂、社會的民情與風俗、到個別人物的感人事蹟，都包含在內。

這套「台灣歷史故事」叢書一共五冊，相信少年朋友在閱讀之後，一定會從中獲得對台灣歷史發展的基本認識與了解。

序

還記得唐太宗的宰相魏徵說過一句話，他認為人應該有三面鏡子，其中一面就是要「以古為鏡」，以便「知興替」，意思是如果能以過去的歷史事件為借鏡，知道各個王朝興盛或衰亡的原因，便能做為今日的參考。

不過，對「認識自己生長土地的歷史」而言，功能不僅僅是「知興替」。想想看，知道我們腳下踩的這塊土地，幾萬年前，第一個來到的人是誰；明白幾百年前，有哪些國家帶著野心占據這裡，當時的祖先又是如何抵禦；這些有血有淚的故事，是那麼真實，又那麼動人。從閱讀這類歷史故事當中，我們必能體會如何珍愛自己的土地與同胞。我自己在寫鄭成功的故事時，曾幾次陪著他憤怒、焦急、落淚，這樣的心情，希望能帶給讀者一些激盪。

寫這本書的人

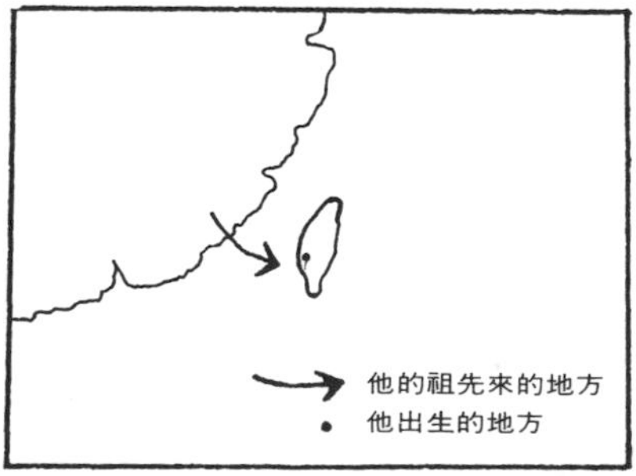

王淑芬
1961年生於台南
擔任國小教師已15年
曾獲：信誼幼兒文學獎
洪建全兒童文學獎
教育廳文學獎等

看看！我們在哪裡？

在世界地圖裡，台灣的位置。

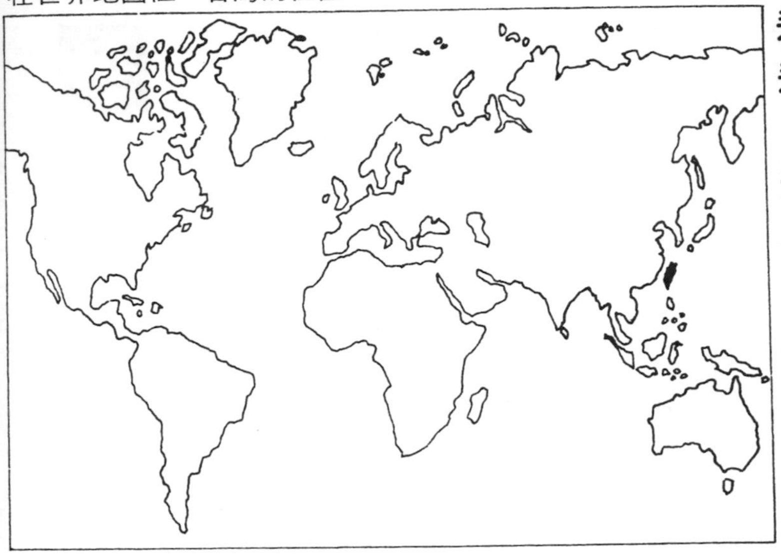

鄭氏王朝台灣最熱鬧的地方

一萬多年前，台灣海峽未形成，台灣與大陸相連在一起。

歷史地圖

這本書提到的重要事件、地方，在這裡可以找到。

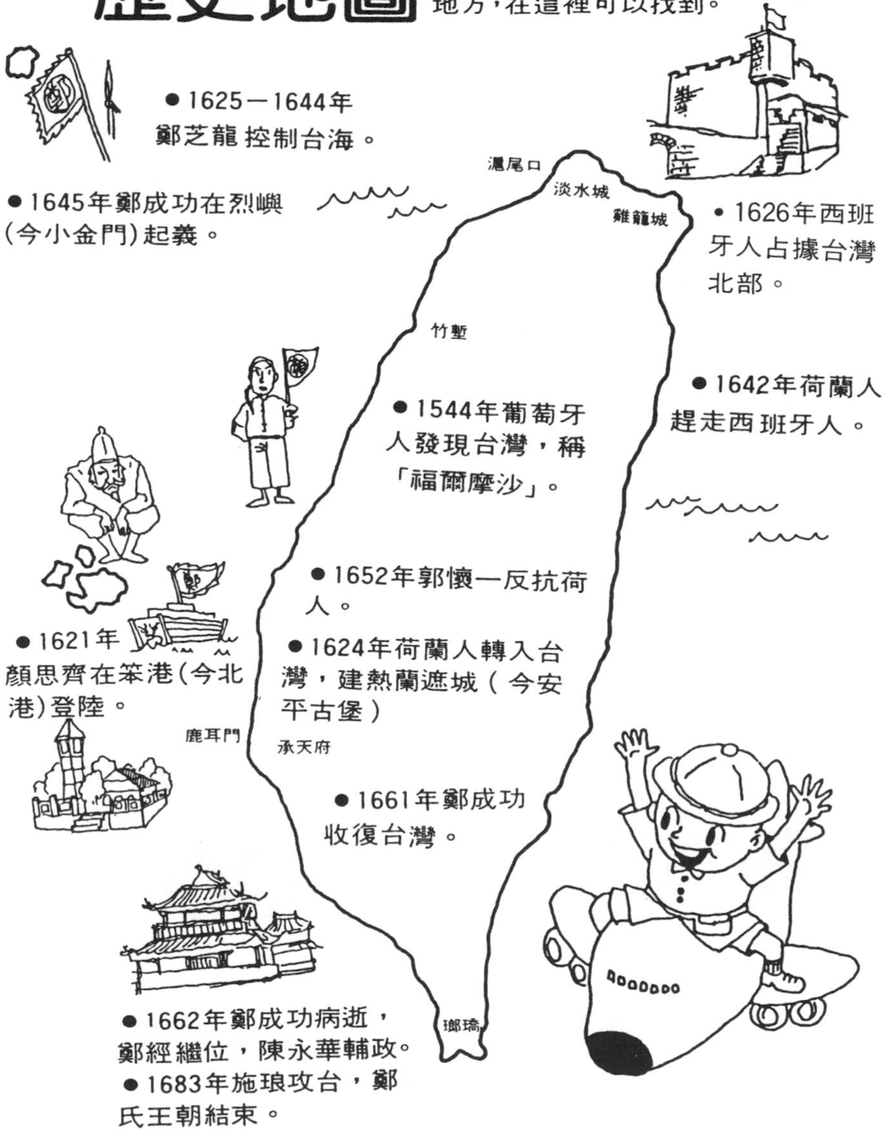

●1625－1644年
鄭芝龍控制台海。
●1645年鄭成功在烈嶼(今小金門)起義。
滬尾口
淡水城
雞籠城
●1626年西班牙人占據台灣北部。
竹塹
●1642年荷蘭人趕走西班牙人。
●1544年葡萄牙人發現台灣，稱「福爾摩沙」。
●1652年郭懷一反抗荷人。
●1621年
顏思齊在笨港(今北港)登陸。
●1624年荷蘭人轉入台灣，建熱蘭遮城（今安平古堡）
鹿耳門
承天府
●1661年鄭成功收復台灣。
●1662年鄭成功病逝，鄭經繼位，陳永華輔政。
●1683年施琅攻台，鄭氏王朝結束。
瑯琦

荷蘭人時代，鹿耳門的情況

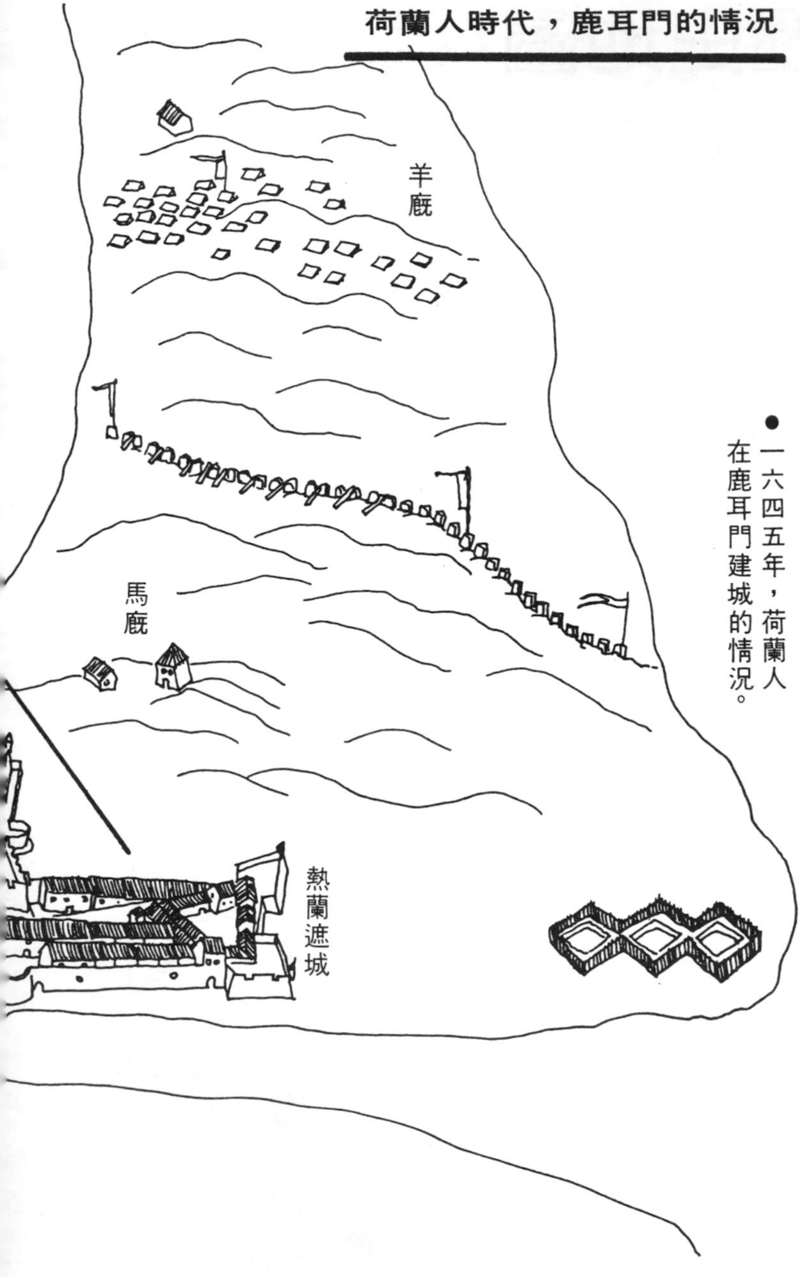

●一六四五年，荷蘭人在鹿耳門建城的情況。

荷蘭人據台時期的圖，上方陸地爲台南，箭頭處是安平古堡。

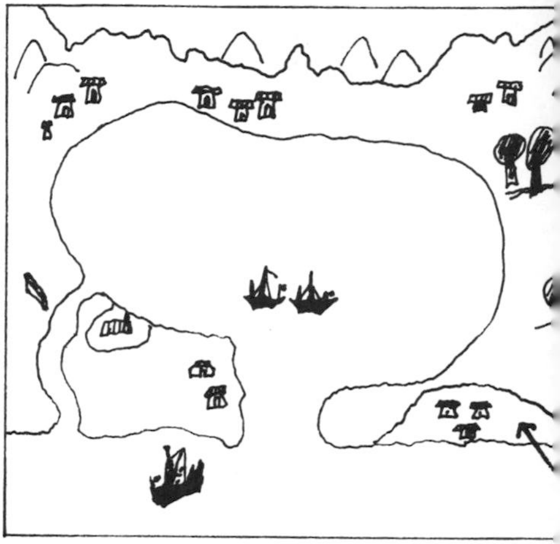

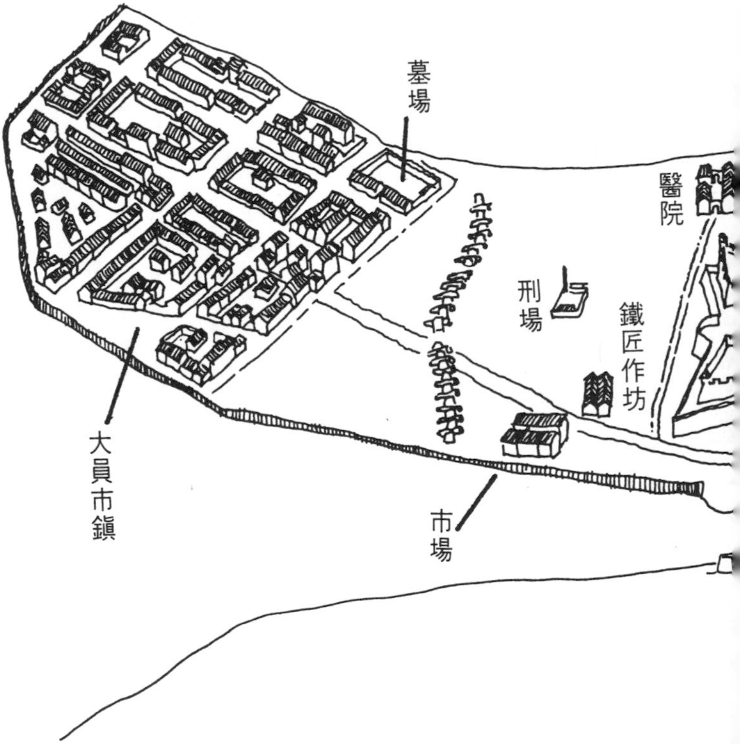

這些年發生的大事……

年代		重要事件
西元	中國	
史前		・板塊、地殼變動及造山運動，形成島嶼，至今發現最早的人類為「左鎮人」。
三三〇	三國時代	・衛溫、諸葛直，率兵進征當時稱為「夷州」的台灣。
六〇五	隋朝	・隋煬帝派何蠻、朱寬探尋台灣內陸，招降不成，三年後決定由陳稜領軍以武力征討。
一二九一	元朝	・元世祖積極向海外擴展，派楊祥領兵伐當時稱為「瑠求」的台灣。澎湖已收入中國版圖。
一三四九	元朝	・旅行家汪大淵遊台灣，將見聞寫成「島夷誌略」。
一三七〇	明朝	・台灣相繼出現小琉球、雞籠山、大雞籠、北港、東番、臺員、大灣、大冤、台灣等不同名字。
一五四四	嘉靖二十三年	・葡萄牙人發現台灣，稱之為「福爾摩沙」。
一五六三	嘉靖二十三年	・倭寇林首乾占據打鼓山(今高雄)。
一六〇九	萬曆三十七年	・荷蘭人占領澎湖。
一六二一	天啟元年	・顏思齊率眾二十六人於笨港（今北港）登陸。

這些年發生的大事……

西元	中國	重要事件
一六二四	天啟四年	‧明軍將荷蘭人趕出澎湖，荷蘭人轉入台灣，於安平建熱蘭遮城（今安平古堡）。 ‧鄭成功在日本平戶海濱出生。
一六二五	天啟五年	‧顏思齊死後，鄭芝龍成為新領導者。
一六二六	天啟六年	‧西班牙人占領台灣北部。
一六四二	崇禎十五年	‧鄭芝龍率軍進攻金門、廈門、廣東。 ‧荷蘭人北攻雞籠，西班牙人投降。
一六四四	弘光元年	‧清朝在北京建都。
一六四五	隆武一年	‧鄭成功在烈嶼（小金門）起兵，高舉「反清復明」。
一六四九	永曆三年	‧荷蘭人引進牛隻來台，牛成為耕種與交通重要的牲畜。
一六五二	永曆七年	‧台灣漢人第一次為反抗異（荷蘭人）族而戰，郭懷一事件爆發。
一六六一	永曆十五年	‧何斌獻圖，鄭成功由金門、澎湖圍攻鹿耳門，逼走荷蘭人，在台灣建立鄭氏王朝。

年代		重要事件
西元	中國	
一六六二	清康熙一年	・鄭成功病逝，鄭經繼位，陳永華輔政。
一六六六	康熙五年	・陳永華建孔廟，設學校，定科考制度。
一六八一	康熙二十年	・鄭經歿，鄭克壓遇害，克塽接位。
一六八三	康熙二十二年	・施琅攻台，鄭氏王朝結束。

原住民分布圖

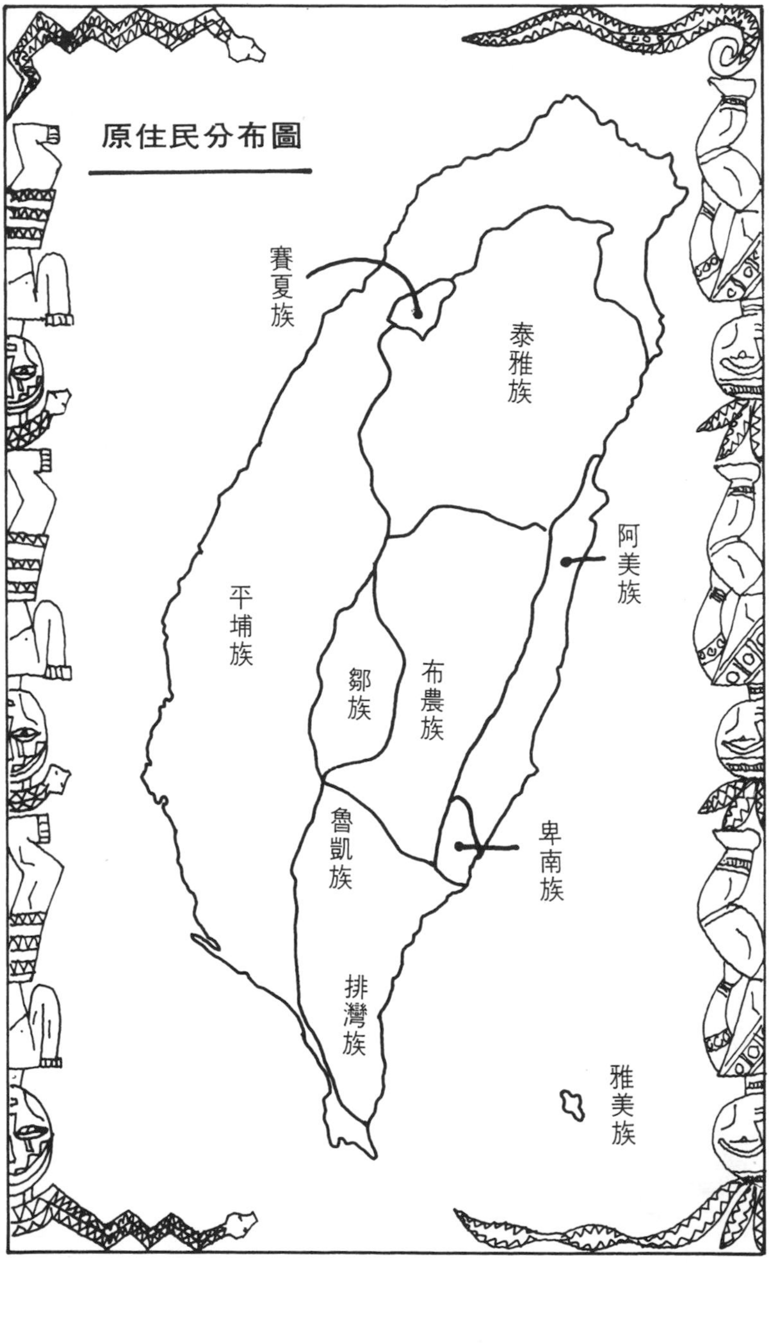
賽夏族
泰雅族
阿美族
平埔族
鄒族
布農族
魯凱族
卑南族
排灣族
雅美族

目次

臺灣史前文化層序

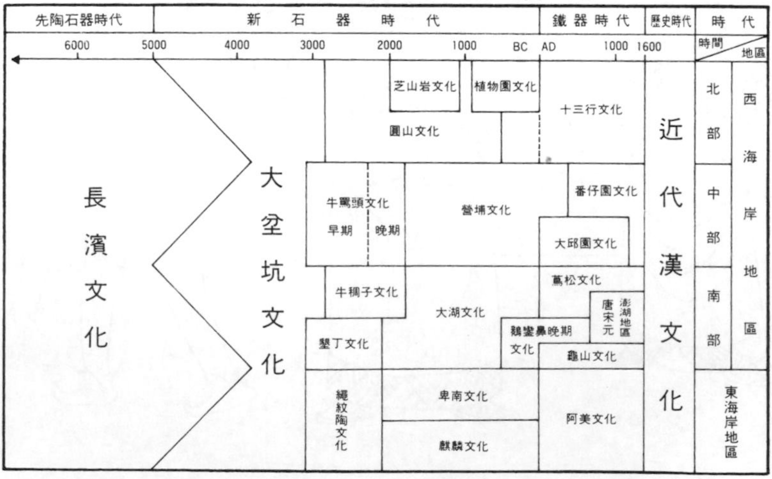

先陶石器時代
新石器時代
鐵器時代
歷史時代
時代
時間
地區
6000
5000
4000
3000
2000
1000
BC
AD
1000
1600
長濱文化
大坌坑文化
芝山岩文化
植物園文化
十三行文化
圓山文化
牛罵頭文化
早期
晚期
營埔文化
番仔園文化
大邱園文化
牛稠子文化
大湖文化
蔦松文化
唐宋元
澎湖地區
墾丁文化
鵝鑾鼻晚期文化
龜山文化
繩紋陶文化
卑南文化
麒麟文化
阿美文化
近代漢文化
北部
中部
南部
西海岸地區
東海岸地區

古老的台灣歷史

今天我們所看到的台灣，是經過歐亞大陸板塊和菲律賓板塊擠壓形成的。另外再經過兩次的造山運動及地殼變動,成爲有高山河川等地形。二億多年前，台灣開始有了生物在活動。大約三萬年前，「左鎭人」在台灣出現。

哇！好大的一頭野鹿！

披著獸皮的男人躲在樹叢後面，緊緊盯著野鹿。他手裡握著一把扁平的石斧，想著應該從哪裡進攻，才能將野鹿打倒。如果成功，接下來幾天就不必為食物發愁了。

男人蹲了下來，準備慢慢前進，他將石斧高高的舉起，全身的力量都集中在手上。野鹿低著頭，絲毫沒有察覺到身後有敵人，仍然優閒的吃著草。

突然，一陣蹄聲由遠而近傳過來；野鹿抬起頭，連忙往樹林另一端奔逃。男人趕緊站起身來，也邁開雙腳，大步的追去。

茂密的樹林，一下子就找不到野鹿的蹤影。男人氣得將石斧扔在地上，然後採了些野果，坐在石頭上休息。他一邊吃一邊回想剛才的蹄聲，聽起來似乎很熟悉，應該是馬。

他吐掉果子的核，決定繼續追蹤那頭野鹿。根據經驗，野鹿的肉比馬好吃，他不願回頭去尋找馬，打算跟著鹿的蹄印，朝東南邊繼續追捕下去。

這樣過了一些日子，他來到一個陌生的地方。那兒有高聳的大山，也有潮濕的沼澤地。除了鹿、馬的蹄印，他還找到了「四不像」的蹤跡——這種動物長得很特別，頭上有鹿角，脖子像駱駝，尾巴像驢子，又偏偏長了四隻牛的腳。不過，對男人來說，他才不管這些動物長什麼怪樣子呢，他只知道，要小心的追捕，才有獵物可吃，才有獸皮可穿在身上禦寒。

夜深了，男人用黑色陶罐裝了水，取出一把石刀，在另一塊石頭上磨了起來。工作累了，他便靠著樹幹，閉上眼睛休息。他想著當太陽再度升起時，是不是能找到另一頭水牛。

下雨了，他將身子縮了縮，望著天空。那一道道閃光真令他害怕，不知道會發生什麼事。他將石刀和石斧緊緊

•民國五十九年，在台灣左鎮菜寮溪河床發現的人類化石，經過鑑定，年代大約在三萬年前。

握著，萬一有別的動物想攻擊他，他可以保護自己。

不幸的是，幾天後，他在追捕野鹿時，不小心跌進一座山谷，摔斷了腿，又因為流血過多，而結束了生命。

三萬年後，這個地方的人在一個叫做「左鎮」的地方，一條叫做「菜寮溪」的岸邊，挖掘到了男人的小頭骨。為了紀念，便將他命名為「左鎮人」。他一定不知道，他是在目前能找得到的化石中，經由專家鑑定，證明是最早到達這塊土地的人類。

他當然也不知道，當年千辛萬苦追捕野獸，往東南而來的這塊土地，如今被稱為「台灣」。

不過，他可不是台灣最早的住客。早在二億年前，那時候，台灣一部分是海，一部分是陸地，在溫暖清澈的海水中，紡錘蟲和瓦氏珊瑚就在這裡優游生長了。

日月運轉，星辰移動，又一億多年過去了。距離現在七千萬年前，古中央山脈被擠露出來，然後漸漸形成台灣的五大山脈。接著，四百萬年前，兩個板塊不斷擠壓，終於擠出了一塊新生的陸地，浮出海面。不過，已經被擠得彎彎的，活像一根香蕉。再過一段時間，有的高地被蝕平，有的凹處又隆起；最後，台灣就長成現在的樣子——西邊屁股翹翹的大番薯。

在成為番薯之前，台灣就是這樣「居無定所」，一下子在海中，一下子浮上來。「造形」也是千變萬化，有時像朵花，有時像西瓜。所以，現在可以在台灣陸地上找到菊石、鯨魚、貝類的化石，一點兒也不稀奇。

那個時候，中國大陸也是還在成長的寶寶，到處搬家。可以說，地球上的陸地，都是一群東漂西盪的流浪漢。

一百多萬年前，台灣和大陸連接在一起了。猛瑪象、中國犀牛、長吻鱷、劍齒象，也陸陸續續由大陸往南，到台灣來旅行、居住、找東西吃。

有很長一段時間，台灣和大陸一直「分分合合」，有時牽手，有時分手。這完全是因為台灣海峽的地形變化，它一下子浮出海面，一下子又沒入水中，簡直像是在玩「蘿蔔蹲」遊戲一樣。

在二、三萬年前到五千年前的時候，仍然屬於舊石器時代，人類靠著打製的石器為主要工具，過著狩獵、採集

•近年來，台灣陸續挖掘到鱷魚、犀牛、劍齒象等早期大陸性動物骨骼化石，證明很早以前，大陸和台灣是相連的。

的生活。一九六八年，考古學家在台東長濱發現一個舊石器文化遺址，這是台灣目前發現最早的文化，稱為「長濱文化」。

「左鎮人」的時代大約就是兩、三萬年前長濱文化時代的人類。這段時間，台灣海峽是浮出海面的，所以成了台灣和大陸之間的「陸橋」。左鎮人就是跨越陸橋來到台灣的。

一萬八千年前，天氣越來越冷，地球上有三分之一的陸地都覆蓋在皚皚白雪中，進入了「冰河期」。這時候，天上下的雨不再匯聚在海中，反而冰凍在陸地上；所以，海洋缺水，整個海平面大幅下降。台灣海峽當然也變「矮」了，平均深度只有八十公尺，原來在海底的島嶼跟

•考古學者工作情景。

•距今一萬年以前，正值地球冰河期，陸地上有大量的積雪沒有溶化，海平面也比現在低，台灣和大陸連成一片陸地。

●原住民追捕鹿群。

大陸連接起來，從大陸南方又有人類到台灣來了。這一次，他們高興的發現，台灣森林密布，原野上到處是鹿。鹿肉真鮮美，鹿奶也可口；他們還用動物骨頭磨成針，將鹿皮縫製成一件件花衣裳，穿在身上又美麗又保暖。

大約一萬年前，「冰河期」開始解凍，台灣海峽又沉入海底。不過，現在已經難不倒聰明的人類了；他們坐著船到台灣來，也帶來了更進步的文明。他們懂得製作精緻的用具，也懂得農業、紡織的技術。

在高山、叢林、沼澤中，在成群野鹿中，他們開發蠻荒地帶，建造自己的家。

「左鎮人」來到台灣時，並不知道自己帶來了一頁新的歷史。在他之後，成千上萬的原始人，也不知道自己居住的這塊土地，會有那麼多的故事發生；而故事，就是從他們開始。

二億年前的台灣，是暖暖的水草、清澈的海洋。二億年後，這塊土地卻是「美麗之島」。究竟，這座美麗的島嶼曾經發生過什麼快樂、悲傷的事，我想，是居住在這裡的人都想知道的。因為，我們都是它的一分子。

• 卑南文化的陶器、石器品。

• 史前人物的打扮。

漢人在台灣的活動

相傳，從三國時期開始，陸續有人到台灣來征伐與探險，慢慢揭開台灣神祕的面紗。

風雨越來越強，海浪一波一波的高高捲起，像要把船隻吞沒一樣。船上的士兵，大都縮著脖子，臉色蒼白的背靠背站著，有幾個忍不住趴在船邊吐了起來。

已經在海上航行五天了，他們想要去的那個島，那個稱為「夷州」的地方，到底還有多遠呢？

這是西元二三〇年，正是中國的三國時期。海上的兩百多艘大船，是吳國的大將衛溫和諸葛直所率領的軍隊。他們是奉了孫權的命令，想向海外發展。「夷州」就是他們的目的地。

士兵們沒有受過海上航行的訓練，儘管在陸地上驍勇善戰，上了船，卻成了又暈又吐的病貓。所幸，兩位大將軍不時的鼓舞士氣：「振作吧！如果真能抵達這個傳說中神祕的地方，可算是千古不朽的偉大功績呢！」

果然，在第八天，他們不但平安到達了計畫中的島嶼，更不費力氣的征服島上許多部落。只因為，島上的土著，手裡拿的是青石製成的箭簇和刀斧，哪裡比得上吳兵的精良武器？

不過，他們馬上面臨了「水土不服，缺乏醫藥」的難

・陳壽的「三國志」及范曄的「後漢書—東夷傳」中，都有「夷洲」的傳說。

• 衛溫、諸葛直所到達的「夷洲」，是否就是台灣，至今仍然沒有定論。

題；不但疾病叢生，整天只想著早日回到家鄉，更因為島上土著常常偷襲他們，日子一久，大家都覺得又苦又累。

「回去吧！這裡，畢竟不是我們可以久住的地方。」

衛溫思考了很久，終於和諸葛直下定決心，俘虜了幾千個土人，返回大陸。

雖然，他們垂頭喪氣的離開，沒有達成開拓疆土的任務，但是，他們揭開了台灣神祕的面紗，使大家知道，台灣不是神仙居住的蓬萊仙山，也不是妖魔橫行的蠻荒鬼域。從此，有更多人滿懷壯志的渡海而來。

西元六〇七年，又有一位將軍領著數百艘巨艦，朝東邊前來。這次是奉隋煬帝命令準備拓展國域的朱寬。

「都是何蠻那個多事之徒！」朱寬在搖晃的船上，緊皺著眉，想著要不是何鑾向皇上進言，說什麼「東方似有煙霧之氣」，什麼「不知道幾千里」，引起皇上的好奇心，就不會有這次的遠行。

不過，倒楣的不只是他，何鑾也被指派當嚮導，一起上船了。朱寬沒好氣的問何鑾：「你說的那個『有煙霧之氣』的地方，該不會是個『有妖魔之氣』的地方吧！」

何鑾倒是一本正經的回答：「根據資料及我的觀察，距離應該不遠了。」

一個多月後，他們總算看見那片美麗的島嶼。朱寬疲憊的上了岸，吩咐士兵前往探查。

「報告將軍，我們走了好遠，才看到這個人。」那是個滿臉驚恐的土人，臉上畫著奇怪的斑紋。問他住哪裡，．朱寬除帶回一個土人外，還帶回一種叫「布甲」的東西。

此地的國王是誰，土人只是發出一些怪腔怪調，完全搞不懂彼此的意思。

在這種情況下，朱寬只好帶著土人回大陸。

隋煬帝聽到他們的報告，十分生氣。

「怎麼可以入寶山，空手而返？」

第二年，可憐的朱寬再度奉皇上命令，出海東征。這一回，他花費更多的時間與精力，終於見到了島上的酋長，也找到能說土語的通譯人員。誰知道土著酋長根本不管什麼「天朝」「皇帝」，也不願歸順。所以，儘管通譯說得滔滔不絕，酋長只是瞪大眼睛，一直搖頭。

隋煬帝知道後，不禁勃然大怒。

「一個小小島嶼，居然沒有將威武天朝放在眼裡！」

於是，他在西元六一〇年，派遣武將陳稜和大夫張鎮周，帶兵一萬多人，乘著兩百多艘大船，浩浩蕩蕩的往台灣出發，準備一舉征服這個「不聽話」的小島。

他們先到達高華嶼，兩天後，由台灣西邊登陸。台灣島上的國王，姓歡斯，名叫渴刺兜，當地的土著都叫他「可老羊」，十分威勇剽悍。他手下有五大頭目，各掌管十幾個小頭目；小頭目又管轄著十幾個村落的頭目。每個村落的頭目，叫做「烏了帥」。

當陳稜一行人，由鹿港上岸時，當地的烏了帥以為他們是來做生意的商船，並沒有將他們放在心上。

等到陳稜派通譯向烏了帥說明身分後，他可著急起來了，連忙派手下陪通譯去見國王。

• 高華嶼即今澎湖的花嶼。

• 陳稜、張鎮周兩位將軍，是從義安（即今廣東潮州）開船，駛向台灣。

・陳稜與土人的兩場戰役，第一戰場約在今鹿港附近，第二次戰役則發生在大甲溪一帶。

「笑話！我們在這裡世世代代住那麼久，從來沒聽過什麼大隋朝，什麼皇上。我就是皇上！」

渴刺兜一聽到通譯轉達隋煬帝的旨意，要他們臣服大隋王朝，定期進貢，忍不住暴跳如雷，大聲罵了起來。

「我看，只有讓他們知道咱們的厲害，嘗嘗苦頭，他們才會心甘情願的回去吧！」這麼一想，渴刺兜便立刻召集大小頭目，準備往海邊出發，向隋軍挑戰。

陳稜看見土著手持石刀、石斧，肩上搭著弓箭，氣勢洶洶而來，知道已經不可能「和平勸降」了，也趕緊命令士兵擺開陣勢迎戰。

這一戰，把土著們打得落花流水。不懂戰略技術的土著，根本無法抵擋訓練有素的隋軍；加上武器裝備又很簡陋，沒多久，勝敗就分明了。

渴刺兜狼狽的帶著殘兵敗將逃回山洞，召開緊急會議，商量下一步該怎麼辦。

「沒想到敵人這麼強悍，我看，早點兒投降，保住大家的性命要緊。」一個大頭目撫著腳傷，嘆口氣說。

另一個頭目卻大叫著：「什麼話！難道我們是鼠輩，挨不了打？這樣還算是英雄嗎？」

兩個不同的意見，在山洞裡嗡嗡作響；其實，大家真的都不知道怎麼辦才好。最後，全部的人安靜下來了，他們望著平日尊崇的國王，等待他下最後的命令。

歡斯渴刺兜將手裡的石斧往地上一插，站起身來，聲如洪鐘：「我寧可英勇的戰死，也不做投降懦夫！」

•施肩吾，是唐憲宗時候的進士，寫了一首「島夷行」七言絕句。

於是，另一場大戰爆發了。

抱著必死決心的土著們，有如猛虎威豹，奮勇的作戰。然而，人數實在相差太多，加上陳稜又善於用兵，在殺聲震天中，土著還是被擊敗了；渴刺兜也被斬殺。

這一次出征，使得島上的各個部落，領教到了「天朝」的威力，大家紛紛投降，都答應做隋朝的臣民。陳稜、張鎮州帶著勝利的喜悅和無數奇珍異寶，以「開拓海外疆土」的英雄姿態，回到大陸。

隨後，在唐代，據說有位進士施肩吾，曾率領族人遷居澎湖，教導土人文明。元代有位探險家汪大淵，不但遊覽台灣，還寫了「島夷誌略」，記錄島上風土人情。明代也有人到過台灣，留下許多傳說。

陸陸續續，又有人因為戰亂，而往東南尋求新的樂土。「台灣」是他們發現的新天地；他們，也成了開拓台灣的無名英雄。

•原住民的打扮。

台灣早期出現的族群

台灣早期出現的人類，有史前人、傳說中的矮黑人、及原住民。最後，漢人也來到這裡居住。

青翠的高山，溫暖的陽光，長長的美麗海岸，野鹿在林間優閒吃草；這兒，就是美麗的寶島——台灣。

它像太平洋上閃閃發光的一塊翡翠，吸引許多人前來，大家都希望在這裡，過著快樂無憂的好日子。

三萬年前，來自大陸的「左鎮人」到達台灣；接著，新石器時代的人也來了。中南半島、南洋群島、大洋洲各島上的人，揚起船帆，順著風向，隨著潮流，也一一來到。他們帶來各自的文化，也在這裡傳下一代代子孫。

史前人之後，在台灣歷史舞台上接著出場的是傳說中的「矮黑人」。據說，他們的皮膚就像巧克力一樣的黑。

真的有矮黑人嗎？他們的頭髮卷縮、行動敏捷、精通巫術嗎？他們又為什麼失蹤了？

「請唱黃籐之韻，請享用山胡椒之果，矮靈的男女，請來共遊。」

這是台灣原住民族群中之一的賽夏人，在「矮靈祭」中所唱的歌。傳說，幾百年前，賽夏族的祖先因為和矮黑人起衝突，一舉消滅了矮黑人。但是，又害怕他們的靈魂會回來奪取穀物，所以，每隔二年，就舉行一次「矮靈祭」，在歌聲中，唱出他們的不安，表明他們的祈求，希望矮黑人不要加害後代子孫。

「請唱楓香樹之韻，祭典畢，恭喜，請沿河歸去。」

矮黑人真的在台灣住過嗎？雖然並沒有正確的歷史記錄可以證明，但是，在台灣原住民各族之間，的確有許多關於他們的傳說。

據說，他們的身高大概只有一百公分，身上有彩紋，住在山洞裡。

據說，他們不但精通巫法，也擅長游泳，能架設獨木橋，使用弓箭。

也有人說他們很聰明，懂得栽種農作物的技巧，也知道捕魚的方法；同時，歌唱、舞蹈也很拿手。

但是，因為他們欺負賽夏族的婦女，引起族人的憤怒，才被全部殲滅。傳說，當矮黑人一一墜落山谷時，只剩兩個長老倖免逃生，他們在離去時，一邊撕著山棕樹的葉子，一邊留下詛咒：「你們的長壽和富有將隨著我們的離去而消失。」

這就是「矮靈祭」的由來。賽夏人連續三晚徹夜祭拜，在歌聲、舞蹈儀式中，希望能換回子孫的平安、穀物的豐饒。

矮黑人絕種了。接著是原住民活躍在台灣島上。十支原住民族，各有不同的特性，分散在台灣各地；高山、平原，都有他們的蹤跡。

阿美族，是第一大族，人數最多，個子也最高，利用

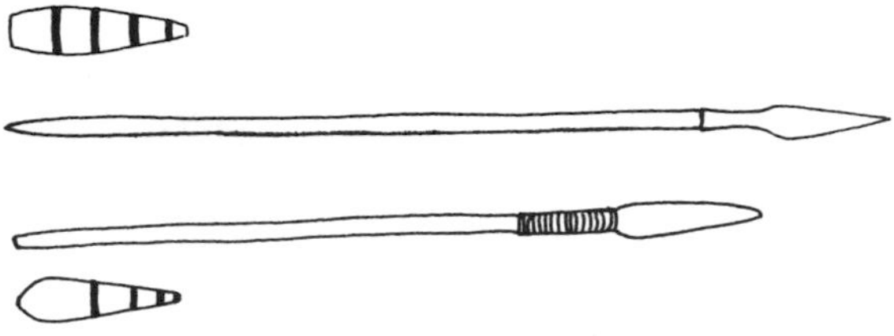

原住民使用的長矛

水田耕作，居住在平地，喜歡穿紅衣服。

泰雅族會在臉上刺青，目的是增加美觀，同時也是種族的標記。

傳說消滅矮黑人的賽夏族，也會在臉上刺青。住得最高的布農族，擅長木雕工藝，住石板屋。排灣族認為百步蛇是他們的祖先，把牠當神崇拜。

此外，還有魯凱、卑南、雅美、鄒族和邵族。原住民的語言並不相通，有時也會互相征戰。戰敗的一方有時要當奴隸，有的會被割下頭，當成戰利品。

原住民共同的專長就是唱歌；他們的歌聲響在山谷、河澗，充分表現出他們豪爽樂觀的個性。

他們也有優美的舞蹈，精巧的手工藝品。頭上戴的花

•山豬圖。

環、五顏六色的帽子，身上的衣服、背的袋子，全都是雙手靈巧的傑作。

除了高山的九支原住民，還有平地的「平埔族」，他們大都住在平原、丘陵，生活比其他族群更進步些，以農業、狩獵為主。

在南部的平埔族有西拉雅和洪雅族；中部是巴布薩、巴宰海、帕瀑拉族；北部有道卡斯、凱達格蘭族；東部則是卡瓦蘭和加理宛族。

「我們的祖先來自天上。當天上的祖先來到台灣時，遇上了大洪水，躲在山頂好幾天，水才消退。」巴宰海族有這樣的傳說。

凱達格蘭族則傳說，他們的祖先因為躲避妖怪「山西

原住民捕魚的景象

賽」，才偷偷乘坐竹筏漂流到台灣。

平埔族來到台灣，開墾土地，建立家園。許多地方的名稱，就是用他們的語言來命名的。

例如，卡瓦蘭族住的地方，被漢人寫成同音的「甲仔蘭」，後來又有人寫成「蛤仔難」；清嘉慶年間，受北京話的影響，改成「噶瑪蘭」；其實已經和原來的音差很遠，真是越改越離譜了。等到清光緒年間，官方又認為「番語」不夠高雅，「宜」改為「宜蘭」，從此便沿用下來。

由於平埔族懂得種稻，也不會獵取人頭，所以清朝政府將他們歸為「熟番」；至於那些不用人頭當戰利品的原住民，叫「化番」；會割取人頭的，就是「生番」了。

　　等到漢人開始移居台灣，平埔族人學習漢人生活，通婚、改漢姓、學說漢語，漸漸的，原住民族群慢慢漢化，連高山上的「邵族」，也被漢化了。我們今天所面臨的問題，便是如何保存各個原住民族群的傳統文化。

原住民採檳榔的景況

沈有容計退荷蘭人

西元一六〇四年，明朝武將沈有容，以正義之詞逼走荷蘭人，使他們無法霸佔澎湖，荷蘭人也因此將目標轉向台灣。

「那個地方，人口已經突破百萬了。」

「那個地方，街道寬敞，運河交通便利，有最美的綢緞，最高級的瓷器，以及數不清的奇珍異寶……」

「啊！那真是世界上最優美、最高貴的城市。」

這是宋末元初，一位義大利旅行家馬可波羅所說的話，他所形容的地方是位於中國南方的杭州。不僅是他，

•馬可波羅，西元一二五四年生，一二七一年前往中國，所經歷的許多有趣事情，寫成「馬可波羅遊記」，對於溝通中西文化有很大的貢獻。

所有曾和中國有過接觸的西方人，都會對中國的富裕繁華留下深刻的印象。

漸漸的，西方各國對東方這個超級文明大國動心了，先是好奇，然後是羨慕，最後想：「如果能征服這個地方，納入我國版圖，那該多好。」

很會做生意的荷蘭人，也做這種打算。他們在西元一六〇二年，由全國船舶業者組織了「聯合東印度公司」，積極向海外拓展業務。當然，他們很快就將目標對準東方，尤其，他們想藉著生意的往來，深入中國各地，做為逐步侵占的準備。

西元一六〇四年，聯合東印度公司的使節韋麻郎來到大泥國，想要請大泥國的國王寫封推薦書，好呈給中國的

・荷蘭人以公司企業體的形態，有系統的統治台灣。這個組織全名叫「全荷蘭特設東印度公司」。

・澎湖群島位於台灣本島和福建之間，一直是大陸移民來台的橋梁。

皇帝，准許他們去從事貿易工作。

「我們荷蘭並沒有向中國進貢，照規定，他們是不准我們去經商的。」韋麻郎一想到這個問題，便頭痛不已。而且，中國這麼大，應該先從哪裡開始進行呢？

有幾個中國商人對他出主意：「漳州臨近海邊，人口多，是做生意的好地方。在漳州南方海上，有個澎湖島，距離大陸很遠，朝廷的兵力是管不到的。你應該先占領這個島，將它當成對中國通商的基地。」

韋麻郎點點頭，但是，又馬上皺起眉頭：「就算占領了澎湖，到時漳州的地方官仍不准我們通商，怎麼辦？」

那些商人大笑起來。

「你真是太死腦筋了。俗話說：有錢能使鬼推磨。只要走走後門，到負責稅務的官員那兒去賄賂，就成了。」

原來，他們早就知道，當時福建的稅官高寀，是個愛財如命的貪官。

韋麻郎高興極了，連忙請他們幫忙去送禮。除了稅官高寀，還有管理軍事的官員、守將，也都奉上厚禮。

沒想到守將陶拱聖是個剛正不阿的人，他一接到賄禮，震驚得不得了。

「真是大膽！竟敢違抗朝廷的命令，不來進貢，倒想來賺錢。」他二話不說，立刻將其中一人扣押起來，另外一個知道後，嚇得趕緊逃走。

韋麻郎毫不知情，繼續在大泥國等著。最後，他等得不耐煩，乾脆率領兩隻艦船，直接來到澎湖。

• 荷蘭人的船隻。

「哈！這不是上天故意要幫助我嗎？」當他一登陸，看到整個島上沒有防守的駐兵，真是又驚又喜。

當時明朝派兵駐守澎湖，一年只有兩次，一次在清明節前後，一次在秋季，為期只有五個月。而韋麻郎抵達的時候，是八月，駐兵已經撤離。

「好的開始，證明我們就要成功了。」他得意極了，除了開始和福建沿岸的商人私下交易外，又派人去高寀家送禮，準備在漳州大展鴻圖。

高寀收了厚禮，果然眉開眼笑，馬上派遣將軍去向眾大臣遊說。他們的理由是：「紅毛番船堅砲利，如果不答應通商，一旦開打，難免耗損國力。再說，通商可使地方經濟更繁榮，政府也能增加稅收，有何不好？」

然而，當時的總兵施德政、巡撫徐學聚卻極力反對。「這是什麼話！大明的威信豈可被小小的紅毛番破壞。」施德政不但不同意，更主張出兵，驅逐荷蘭人出海。他召見了足智多謀、又擅長用兵的沈有容，命他率軍去執行這個任務。

沈有容是「武舉人」出身，平時對軍事戰略很有研究，曾出奇兵一舉殲滅海盜，是個威武聰明的人。

他晉見施德政後，說出自己的看法：「荷蘭人目的在通商，並非存心騷擾我國，如果貿然出兵，必會造成殺傷。不如先由我去和他們談談，讓他們知道利害關係。」

「也好。」施德政覺得有理。「讓他們知道，這樣做是行不通的，還是儘早撤離澎湖吧！」

- **武舉人：科舉時代，地方考試分成文科與武科，通過的人稱爲文舉人與武舉人，是國家選拔文武官吏的主要途徑。**
- **當時，中國自以爲是世界的中心、文化古國，所以稱邊陲地帶的人爲「番」，表示他們未開化的意思。**

沈有容計畫以最少的力量，完成最大的使命。他先整頓軍隊，大事宣揚要出兵征討荷蘭人；又嚴格禁止沿海居民和荷蘭人私下交易。同時，他釋放了韋麻郎派來的說客林玉，請他回去報告。

「沈將軍已經大張旗鼓，聲勢十分壯大，恐怕……」林玉將自己看到的情形告知韋麻郎。

韋麻郎一聽，心裡開始沉重起來。這位大將軍的威名，他早已聽說；但他又想到，高寀曾拍胸脯保證「沒問題」。所以，他帶著一半忐忑，一半自信的心情，和沈有容見面了。

當他見到沈有容本人，那嚴肅面貌、魁梧身材，令他敬畏不已。他恭敬的奉沈將軍為上賓，請他坐上貴賓席。

沈有容也回了禮，但馬上又義正詞嚴的說明來意。

「我本來是奉著征剿命令來的，但念在你們不懂中國政令，被不肖商人所騙，特來相勸。不是朝貢的國家，一律不准通商，任何國家都不能例外。」

韋麻郎連忙點頭，小心翼翼的回答：「是這樣規定沒錯，但我已請人代為上書，貴國皇帝應該很快就恩准。」

沈有容搖搖頭。「你恐怕還不明白，我朝最重視綱紀，凡事有一定的程序步驟。你以為向稅官行賄，他就能直接稟報皇上嗎？要知道，稅官之上，還有撫台、按台等官員，他豈能進得了皇宮？」

韋麻郎才知道，事情並不如他想像得順利。他急得在屋子裡踱步。「唉！已經花了那麼多錢，就這樣離開，實

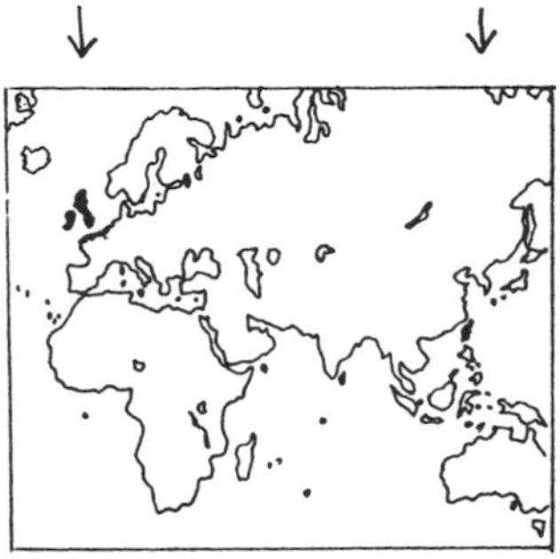

• **荷蘭和台灣的位置。**

在不甘心。可是，沈將軍的話，又……。唉！」

他決定再等一陣子，觀察看看。沒有達成任務，他畢竟難以回國交待。

一個多月後，沈有容眼見荷蘭人沒有離開的意思，恐怕再拖延下去，真的會讓無恥的貪官得逞。所以，他立刻寫信請巡撫徐學聚上書朝廷，主張此事決不能同意；同時，他又令人將船帆高掛起來，假裝要啟航離開。

「將軍為什麼不辭而別？」韋麻郎接到消息，匆匆忙忙趕來求見。

「我本來以為你們是良商，不是暴民。」沈有容以十分嚴厲的口氣說。「誰知道你們竟不聽勸阻，執迷不悟，霸占我國領土，無意歸還。」

他站起身，露出堅毅的表情。「難道，你們仗著大船巨砲，就敢對我國有非分之想？難道，你沒聽說，我沈某大敗倭盜，血染東海？如今，我得回去覆命，將來，如果在戰場上碰面，別怪我不留情！」

韋麻郎左思右想，考慮到萬一動武，自己沒法求得後援，如何能撐得過？所以，只好緩緩低下頭來。「將軍的話是對的。我們還是轉回大泥國，在那兒進行貿易吧！」

他尊崇沈有容威儀，送許多荷蘭產物給他。但是沈有容全部退回，只留下一些軍事上用得著的彈藥。韋麻郎敬佩將軍的廉潔操守，請人繪下將軍圖像，攜帶回國留念。

就這樣，一場可能的戰爭，竟因一席正義之詞而消弭。到現在，澎湖還留有一塊「沈有容諭退紅毛番韋麻郎等」的石碑。

石碑，訴說著這位「三寸舌勝百萬師」將軍的功績，也是我國第一次大勝西方國家的見證。

•西元一六二四年，明軍將荷人逼出澎湖，荷人轉向台灣，在安平登陸，建熱蘭遮城。

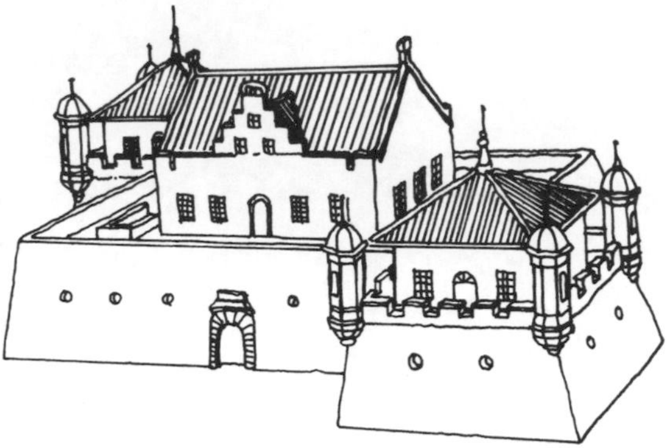

沈有容諭退紅毛番石碑。

「開山之祖」顏思齊

西元一六二一年，顏思齊由今天的北港登陸台灣，成爲開發台灣的第一位人。他被後人尊爲台灣的「開山之祖」。

「不好了！日本官員就要派兵圍捕我們了，快逃！」二十六條大漢，在夜色中，匆匆分乘十三艘船，投入茫茫大海，展開逃亡。

坐在第一艘船中的一個魁梧男子，緊閉著雙眼，看不出是在沉思，還是疲憊得無法張眼，壯偉的身軀隨著海浪左右輕晃。

•百姓渡海的船隻。

「大哥！」另一個相貌英挺的年輕人靠了過來。「我們該往哪裡去？」

魁梧的男子慢慢張開眼睛，想了想，然後抬頭望向南方。「先退回舟山吧！」

「不！」另外一個人開口道。「台灣的土地肥沃，我們不如先去那兒整頓整頓，再做打算。」

被稱為大哥的男子站起身來，走向船頭，看著遠方。逃亡的不安，加上不知往哪兒去的苦惱，使得大家都沉默下來。

大哥忽然轉過身來，一手摟住年輕的男子：「一官！」再拍拍主張去台灣的大漢：「衷紀！」然後大聲宣布：「好！我們就到台灣，再好好闖個名堂出來。」

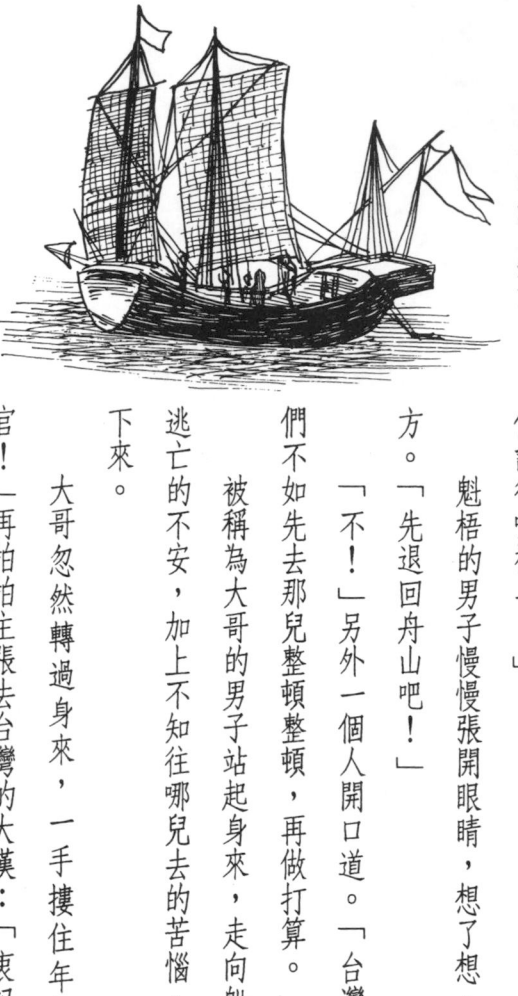

被喚作「一官」的，是二十六個結拜兄弟中，年紀最小的鄭芝龍。聽到大哥顏思齊再度發出豪爽的笑聲，他也開心的笑了，說：「『東洋甲螺』果然不輕易退縮！」

聽到這個名號，顏思齊不禁大笑出聲。笑聲裡，有一分掩不住的得意，也有幾分就要展開壯志的氣勢。

這是住在日本平戶地區時，大家送給他的封號，意思是「在日本的中國人頭目」。

主張去台灣的陳衷紀，也靠近身來。「大哥，從我們祝告天地，結為兄弟的那一天起，便想有一番作為……」

他停了一會兒，看著眼前這位年紀最長、也最受大家尊敬的大哥。

「誰知要占領長崎的計謀，被膽小的王大平走露風

•甲螺原爲倭寇頭目的意思，後爲明朝中國海盜借用。

・顏思齊，又名顏振泉，明朝福建漳州府海澄縣人。

聲，害我們無法順利占領日本，建立自己的王國。」

想到這件事，顏思齊輕輕嘆起氣來。「也許是天意吧！總之，兄弟都平安逃出來，已經是大幸了。到了台灣，又是一番的開始，沒有任何挫折可以打倒我們的。」

這番話是給兄弟們打氣用的，但是，在顏思齊心底，總還有一絲遺憾。

他回想起自己的故鄉—福建。年輕時，仗著武藝精熟，看不慣當地官家欺凌百姓，在一次受辱中，盛怒之下打死那個惡官的僕人。然後，是一連串逃亡、流浪的日子。

西元一六一〇年，他到了日本，起初做裁縫工作，只想混口飯吃。日子久了，他發現根本無法忍受那種一針一線、成不了大事的小生意。他的內心一直有個念頭蠢蠢欲動：「我顏思齊不是池中物、井底蛙；要做，就要做人中豪傑！」

他真的做到了；憑著聰明的頭腦、充沛的體力，又懂得廣交朋友，善用機會，以日本和中國之間的商船為對象，做起生意來。終於，他蓋起高樓華廈，富貴騰達了。

他更知道如何為自己建立名望，除了慷慨大方，他會為窮人出力，替弱小主持正義。漸漸的，「東洋甲螺」的名號傳開來了，連日本官府都知道有這麼一位人物。

和鄭芝龍等二十六個人結為兄弟，就是因為意氣相投，都想轟轟烈烈的幹番大事。他們看準日本土地廣闊，物產又豐盛，貿易也繁榮，便想一舉攻占，建立一個海外

•笨港即今日雲林縣和嘉義縣交界的北港。

王國。誰知道天不從人願，遭人告密，如今日本幕府下令逮捕，二十六條好漢只好腳底抹油，迅速開溜。

「唉！可惜。」顏思齊望著大海，心情就如潮浪般晃盪不已。「但願台灣能助我東山再起。」

八天的海上逃亡，終於結束了。西元一六二一年，一個夏末秋初的季節，在台灣的笨港港口，二十六條大漢登上岸。看著荒涼的海岸，他們面對面無奈的露出苦笑，疲累，已使得他們說不出話來。

他們先在港口海邊搭起茅屋住下，一步步安頓生活。等到日常起居已安定，為了擴展力量，又招募家鄉的窮人來當他們的部下。

當時的台灣，大多數由平埔族占據，漢人並不多。憑著顏思齊、鄭芝龍的才智，加上越來越多的人力——連芝龍的堂兄、弟弟也都來了，聲勢十分浩大。於是，他們在諸羅山一帶安撫了平埔族，也開始除草闢路，建造房屋。

「亰紀，你建議到台灣來，實在太有眼光了。」顏思齊常常對陳亰紀這麼說。他觀察到島上林野茂密、野鹿漫生，適合農耕、狩獵；四面環海的地形，又有吃不完的漁產海鮮。他將三千多個手下，分為十大寨，讓他們各自去開拓墾殖，發展自己的勢力範圍。

在這塊可耕、可獵、可漁的豐美土地上，他們居住下來，也引來一波又一波的漢人。許多福建的鄉民，全都聽說台灣有個顏思齊，有個鄭芝龍，吃喝穿住都沒有問題。於是，失業的人、想要有更好發展的人，一群群朝南渡海

• 「諸羅」指的是今日的嘉義。

而來。

但是，僅僅在土地上耕種、獵捕，並不能滿足他們。顏思齊本性中帶有「生意人」的細胞，不去活動活動、做做交易買賣，總覺得少了些什麼。所以，他整理好船隻，在海上走私買賣；有時候，也偷襲大陸沿海一帶的商船，搶劫財物回來。

日子過得安定又快活，顏思齊早已忘記在日本的失敗經歷了。在他心中，台灣是天堂樂土，一塊嶄新的大好天地，可供他和兄弟大展身手。

「白天，到諸羅山去打獵；夜晚，大家聚在一起聊天，真是無憂無慮。下一步，也許再朝更大的局面……」

正當顏思齊開始進行下一階段的計畫時，突然有一天，他卻感染了風寒，從此一病不起，最後抱憾而死。

弟兄傷心的將他葬在三界埔山（今嘉義水上鄉尖山頂）。從此，這位「開山之祖」——第一個帶動大批漢人開拓台灣的大漢，便長眠在尖山之頂，再也不須逃亡了。

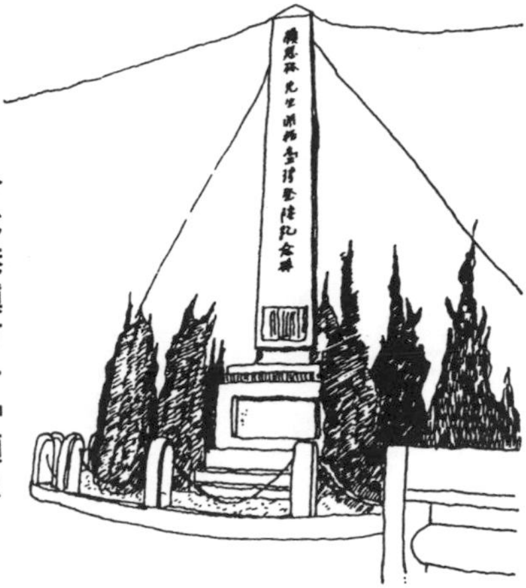

●今北港鎮有一「顏思齊開拓台灣登陸紀念碑」。

●明朝倭寇人物。

「無本生意」大富翁——鄭芝龍

鄭成功的父親鄭芝龍，以打劫船隻致富，並在顏思齊死後，成爲台灣新的領導人。

「你打不到我的，來追呀！」一個調皮的十歲小男孩，對他的同伴扮個鬼臉，然後轉身就跑。

沒想到，他的同伴竟撿起石頭，朝他丟了過來。他不甘示弱，也拾起一顆石子，轉身投了出去。

「唉喲！不妙！」男孩瞪大眼睛，看著手中的石子飛了出去，不偏不倚正好打在一個大官的紗帽上。「糟啦！

怎麼會打到官府的老爺？快逃。」

他的念頭才一轉，小小的身子卻早已被兩個官兵抓住了。其中一個人兇狠的對他說：「小小年紀，竟敢拿石頭打人，你小命不保啦！」

被擲中紗帽的，是福建的太守蔡善繼；而闖禍的，是泉州府庫吏鄭紹祖的兒子——鄭一官。說來，鄭紹祖也算是蔡善繼的部屬。

「怎麼會發生這種事？」鄭紹祖一接到消息，嚇得魂都飛了，連忙趕去請罪。沒想到，蔡太守居然笑著對他說：「你的兒子相貌堂堂，將來會成大器，可要好好調教。」原來，鄭一官長得眉清目秀，儀表大方，很得蔡太守的喜愛。

•太守：省的下級單位是府，府的首長稱為知府，一般俗稱知府為太守。

•庫吏：掌管軍器及儀杖的人。

•鄭芝龍：又名鄭一官，是泉州南安人。

「這孩子，聰明有餘，可惜總不愛讀書。唉！」鄭紹祖叩頭謝過太守的大恩，帶著兒子回家了。一路上，腦子裡想的卻是這樁惱人的事。

這是明朝萬曆年間，鄭一官在遊蕩玩樂、吹彈歌舞和刀槍拳棒中長大了。他並沒有聽從父親的話，好好習讀詩書禮樂，反倒是學了一身江湖才藝。由於相貌英俊，口才又好，頭腦機靈，結交不少朋友。只是，從來都沒有得過父親歡心。

十八歲那年，他因為行為太過放蕩，被父親趕出家門。不過，他可不慌，從福建來到廣東，找舅舅黃程，甜言蜜語的說：「許久不見母舅，想念極了，特來請安呢！」

•明朝萬曆年間，約西元一五七二年至一六一七年間，西班牙人、荷蘭人陸續來到遠東。

於是，舅舅留他下來，協助經營生意。這一年，正好有一批貨要運到日本，他便派一官押送出國。

一官到了日本，憑著流利口才，靈敏反應，獲得幕府官員的重視，便決定住在日本。

「東洋甲螺，是此地中國人的領袖，我一定要認識他。」他聽到顏思齊的名號，又知道都是福建的同鄉，心裡便想結交這位英雄豪傑。

顏思齊見了一官，高興極了。他生平最愛交朋友，眼前這個英姿煥發、聰明伶俐的年輕人，正是他最佳的生意夥伴，也會是做一番大事業的得力助手。

「一官，願不願意跟著我，開創屬於我們的王國？」

「能得大哥賞識，是我的福氣，我一定會好好學習。」一官和另外二十六人，奉顏思齊為大哥，結為同盟兄弟，他們誓言：「有福同享，有難同當。」其中，一官年紀最小，是「尾弟」，卻最得大哥疼愛。

他們的感情很要好，常在一起談天說地，抒發心中的志向。

有一天，楊天生對大家說：「在日本的中國人，現在已有三千，如果我們能結納眾人，攻占日本，建立一個海外的華人王國，咱們兄弟就可以出人頭地了。」

「日本人民族性強悍，恐怕沒那麼容易占領吧？」大家都抱著懷疑的態度。顏思齊則主張再觀察一陣子。只有一官信心十足，覺得此事大可好好的計畫一下。

「一官，你已經娶妻成家了，行事要更謹慎些才是。」大哥不時的勉勵他。

想起自己的新婚妻子，一官心裡泛起一股甜蜜。妻子是中日的混血兒，長得美麗極了，性情又賢淑溫順。中國人喚她「翁氏」，日本朋友則叫她「田川氏」。

此後，楊天生仍不時提起「攻占長崎」這件事，大家也覺得似乎可行。於是，終於約定在西元一六二一年八月十五日那天行動。

誰知道，攻占計謀被密告到日本幕府，所以，他們只好逃亡到台灣。不過，他們在台灣的生活，過得舒適無憂，也算是個海外王國了。除了耕獵、漁獲，他們更幹起打劫商船的「無本生意」。其中，鄭一官「青出於藍更勝於藍」，所獲取的錢財，竟是十寨中最多的。

・鄭芝龍的妻子，是一位中日混血兒，她的父親是泉州人翁翌皇，母親是日本女子田川氏。

「父親過世了，我們只好來投奔你。」鄭紹祖逝世後，一官的三弟、四弟帶著悲傷，和堂兄一起到台灣來找他。想起童年父親的疼愛，長大後卻辜負老人家的期待，一官也不禁神色黯然起來。

「在台灣，會讓你們有好日子過的，跟著我一起努力吧！」有了同胞兄弟的幫助，鄭一官的聲勢更是壯大。

這一日，顏思齊染了風寒，一病不起，臨終前，他對眾位兄弟留下遺言：「我們是懷著大志而來，如今尚未成功，可別忘了當初的壯志……」

顏思齊死後，諸羅山上十寨中，一時群龍無首。過去由顏思齊當統領，因為他是名正言順的大哥。如今，誰是適當的繼任人選？論聲勢，一官最是壯大，但是，依江湖

• 鄭芝龍和顏思齊的行動失敗，當晚即由平戶駕船往南逃，經過八天，於八月二十三日在北港登陸。

• 顏思齊據有台灣之後，將部下分為十寨，分別管理船貨，並打劫過往的船隻。

的規矩，「老么」是不能當領袖的，因為長幼有序。

「此事太難決定，就請示神吧！」最後，大家決定由神來裁決。

據說，他們擺一斛米在神明前，向天祭拜，在米中插一把劍，然後由眾人輪流拜劍。當輪到一官時，劍忽然由米中跳出來。大家便認定這是神的指示。

也有人說，他們輪流用兩個碗「擲杯」。所有的人一擲下碗，立刻摔得粉碎。只有一官摔下兩隻碗時，正好一個向上，一個朝下，正是「聖杯」。而且連續三遍都一樣。於是，大家相信這是天意，恭敬的推一官為新的首領。

他當上首領後，自己改名為「芝龍」，以芝虎、芝豹、芝鳳、芝燕……等名號，共十七人，連同自己合成「十八芝」，分派成一個新的組織，又重新調配職務。

他將內部整頓好了，便開始以台灣為根據地，準備向大陸沿海一帶發展。

從家鄉來追隨他的人越來越多，他又能善用人力，安撫人心；所以，他的勢力竟不輸給一般軍隊。

對於台灣本島上的原住民，他也加以安撫，並繼續開墾拓殖。不過，最終目的，還是想對大陸出兵，宣揚自己的威勢。

「大哥的遺志，我們一定要替他完成。」鄭芝龍雄心萬丈的出軍了。

這位做「無本生意」起家的大富翁，整編軍隊、製作軍旗、訂立制度；率領著一群以往在海上打劫的海盜，居然和一般正規軍隊沒什麼兩樣。

他真是天生的生意人，也是天生的軍事指揮家。只是他一定沒想到，三十六年後，有個人比他更英武、更有組織天才。這個人，不是別人，就是他的兒子——鄭成功。

•鄭軍的大官。

•西元一六二四年，鄭成功在日本平戶海邊出生。

荷蘭人對台灣的開發

荷蘭人從西元一六二四年開始占據台灣。爲了製糖及鹿皮外銷，他們極力開發台灣，引進牛、豬等。

西元一六二二年七月間，八艘荷蘭軍艦航行在台灣海峽上，他們的目標是澎湖島。

「哈！果然和情報資料所說的一樣，整座島上一個士兵也沒有。」荷蘭軍官雷爾生一上岸，便仰天大笑。他們早就知道，中國派遣在澎湖的駐兵，一年只來兩次。現在，駐兵們全都回大陸了，澎湖島像是一張空白的紙，等著他們盡情揮灑、恣意塗抹。

雷爾生第一個揮灑的作品是準備蓋四座城堡。他不費一兵一卒便占領澎湖，簡直得意極了。接著更俘虜了六百多艘漁船和大批中國人，為他們建築城牆、堡壘。

「每天只給半斤米，怎麼有力氣工作……」可憐的中國奴工，只能在心裡默默埋怨。在那些金髮碧眼、個頭高壯的荷蘭兵怒斥中，他們挨餓受凍，卻仍然得打起精神挑石塊。每天，都可以聽到同伴痛苦的呻吟；每天，都得提醒自己不要倒下。然而，沒有人能抵擋得了饑餓的折磨，築城工作結束時，也帶走一千五百多條人命。

異族統治的可怕夢魘，終於在兩年後中止了。明朝政府不願眼睜睜看著領土被侵占，便下令福建巡撫南居益率

明朝時代官人穿著

領水師，向荷蘭宣戰。聰明的他，採用「海禁」，封鎖荷軍的糧食和水源。這一來，再精銳的武器也沒有用了。

西元一六二四年，荷軍終於舉起白旗，退出澎湖。澎湖收復了。可是誰知道，這竟是另一場可怕夢魘的開始。這一次，受害的對象是——台灣。

原來，在明朝政府和荷蘭人的戰爭協議中，已經談好條件了。荷蘭人願意撤出澎湖，但是明朝政府答應此後中荷可以通商，更重要的是，無條件答應荷蘭人占領台灣。

「台灣離中國本土太遠，住的只是些土著和海盜，可有可無。荷蘭人想去，就讓他們去吧！那地方，會有什麼經濟價值？」當時明朝政府根本沒有將台灣視為領土的一部分。

於是，荷蘭人朝著台灣出發了。在他們心中，雖然對失去澎湖感到不甘心，但是，另一個勝利品——台灣，卻叫船上的新任長官宋克興奮不已。「台灣是美麗之島」，許多西班牙、葡萄牙的船員早有傳說；如今，就要將它握在掌中，可以好好利用。這不是「丟了一頭羊，換來一頭牛」嗎？想到這裡，宋克瞇起眼睛，甩甩頭，再也不把小小的澎湖放在心上了。現在，他想的是如何按照上級的指示，以「全荷蘭特設東印度公司」的名義，統治台灣。

他們進占台灣本島後，首先在登陸的地點——一鯤鯓修築砲壘，又在北線尾設立東印度公司商館。六年後，西元一六三〇年，以更堅固的建材在一鯤鯓蓋了「熱蘭遮城」，做為軍事重地，保護荷蘭人。另外，又在西元一六

荷蘭人所蓋的城堡——熱蘭遮城

五〇年，在今台南市內(即今赤嵌樓)蓋了「普羅民遮城」，做為統治台灣的大本營。

長方形的熱蘭遮城，四面八方都設有碉樓，每座碉樓架設大砲，駐有荷蘭兵兩千八百多人。他們擺出統治者的霸王姿態，開始一步步進行計畫。

「在這裡做生意，只是第一步計畫。最重要的，是把台灣變成我們荷蘭的殖民地。」野心勃勃的荷蘭人，一心想將美麗之島收為己有，所以，打算全面開發台灣。

「就像葡萄牙人所說的，我們是為了『胡椒』和『靈魂』而來的呀！」每當荷蘭人在執行開發台灣的任務時，都會沾沾自喜的這樣說。他們不認為侵占別人領土是不對的，反而理直氣壯的說：「我只是來做胡椒、藥材的買賣。此外，還帶來神的佳音，拯救你們的靈魂呢！」

精良的武器，的確使得台灣島上的居民無法抵抗。不過，更厲害的，是利用宗教的力量，收服人心，使得對方死心塌地的順從。這種「征服靈魂」的計策，荷蘭人運用在人數最多的原住民身上。

宣揚基督教的傳教士，跟隨著軍隊來到原住民各社區，在「一手舉劍，一手拿聖經」的方式中，原住民半被脅迫，又似懂非懂的接受了「神」的洗禮。

這些教士也設立教堂和學校，以便擴大傳教範圍。他們教大家唱聖歌、讀寫聖經，更教導「忠於主」的觀念。「主」，當然是和荷蘭人一樣的主，所以，也該和荷人和平相處。漸漸的，原住民真的視荷蘭人為朋友、兄弟了。

・傳教士傳揚他們信仰的喀爾文派基督教，並教導原住民羅馬拼音法，甚至對原住民社會無所不管。

•入教的教徒。

「放眼望去，遍地洪荒。唉！要開發台灣，得花些力氣囉！」荷蘭人對這塊土地又愛又恨，愛的是台灣山青水秀，林茂鹿多，如果好好開發，應該是資產豐盛的美地；它的地理位置，又是和別的國家貿易往來的好地點。只是要重新開發，得有大批人力和畜力。台灣，僅有漫山遍野的鹿群；鹿，是無法協助耕種的。

「你們看，台灣的稻子品種比大陸好。可惜，收割的時候，只能用手採拔。這一大片稻田，要採到幾時啊？」荷蘭人看到原住民用手拔稻子，開墾時，也是用手挖地；有時，頂多加上一把小刀，或一支石鍬，覺得太費時也太沒有效率了。

荷蘭的長官問當地居民：「為什麼不用牛來犁田？」

「牛是什麼？」原來，台灣根本就沒有牛。

荷蘭人只好想辦法，在西元一六四九年，從印度進口一百二十一頭黃牛來到台灣。

除了進口牛隻，荷蘭人也從外地引入豬，以及新種蔬菜和水果，如：荷蘭豆、甘藍、番茄、芒果……等。他們又大事修築水利工程，以方便灌溉。

原住民沒有見過黃牛，更不懂得耕種；荷蘭人自己又不願意做粗活，而平地的漢人和平埔族人數量也不多。於是，荷蘭人只好招募福建、廣東的中國人來開墾。

「真是太好了，荷蘭公司借給我們耕牛、農具，讓我們開墾。我們把消息帶回家鄉，叫表叔、堂弟通通都來台灣吧！」一批又一批的中國人，從大陸而來，到了明朝永曆四年，即西元一六五〇年時，總數居然超過十萬人。

他們哪裡知道，荷蘭人只不過是利用中國人的廉價勞力，幫助開墾台灣，好早日成為荷蘭的東方殖民地。

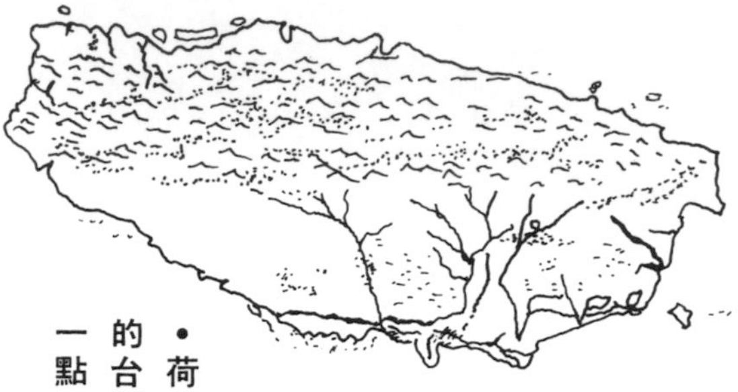

• 荷蘭人據台時所測繪的台灣，和現在形狀有一點不同。

風吹草低見鹿群

荷蘭人對台灣大力剝削，目的是賺取金錢。他們採用公司制度方式經營，收取重稅，台灣人民苦不堪言。

從島的南邊登陸的外來漢人，第一句話往往是：「這是什麼地方？」

島上原住民的答案，聽起來像「大員」，又像「台員」，也有人說應該是「台灣」。於是，這個地方便被稱為「台灣嶼」。其實，原住民的答案，說的是他們所住部落（也就是現在的台南安平）的名稱。不過，後來的人也

•台灣早期的稱呼很多，甚至閩南語移民以怨嘆的語氣說這裡是「埋冤」（台灣的閩南語音），直到西元一六八四年，康熙皇帝定名爲台灣府，台灣才正式成爲全島名稱。

•鹿皮，是荷據時期台灣的特產，輸到日本，做成日本武士最喜愛的披胄——陣羽織。

不管「台灣」是指安平，已將它當作整個島的代號了。

每個到達台灣的人，對島的第一個印象，就是：「哇！好多的鹿。」林間、水邊，成群的野鹿，令人驚訝不已。西元一六二四年登陸的荷蘭人，看到漫山遍野的鹿，更是瞪大雙眼，喜出望外：「真是寶！」

「鹿，全身都有用；尤其鹿皮，是日本人最喜愛的，可以拿來製作披肩，供武士作戰時使用。這項資源，得好好利用。」荷蘭東印度公司的長官，看準這項特產，高興得訂下計畫。他們鼓勵人民捕獵，凡是自願者，發給「獵鹿許可證」，不過，必須向公司繳稅。

得到許可證的人，大量展開捕殺行動；光是在西元一六三四年，便對日本輸出十一萬張鹿皮。

•西元一六五〇年，荷蘭在台灣的每年純益約是四十萬荷幣（大約等於四噸黃金）。

然而，再多的鹿群，也終有捕完獵盡的時候；台灣島上，風吹草低見鹿群的景象已漸漸消失。在獵人濫捕圍堵下，野鹿瀕臨絕種了。鹿的蹄印，只能在山林深處找到，平原上，已沒有鹿的影子。擁有「獵鹿許可證」的人，緊皺雙眉，不知道怎麼辦才好。

「好多天獵不到鹿了，可是，繳稅的期限已到，我拿什麼去向公司繳？」愁眉苦臉的獵戶只能望著天，重重的嘆了一口氣。

嘆氣的不只是獵鹿人，出海捕魚的漁夫，也好不到哪裡去。

每天，當他們要捕海時，必須先聚集在熱蘭遮城，經過荷蘭東印度公司的核准，才可以出海。辛辛苦苦的在海上工作，一回到台灣，又得到熱蘭遮城接受檢查，公司的查核人員眼睛可銳利呢！多少漁獲量，他們全計算得清清楚楚。

「別想走私，也不要偷藏起來。捕獲多少，就按所有的量繳十分之一的稅。違法的人，將會受到嚴厲的懲罰。」金髮碧眼的荷蘭人，開口閉口全是「稅」。

就連耕種的農人，公司也沒有放過。他們先以很高的利息，將耕牛、農具、資金借給農民，而且將所有土地收歸公司所有。耕作的人，只是公司的佃農，收割時，要繳十分之一的稅。一切，都聽公司的指揮。

「稅！稅！稅！什麼都要繳稅。」台灣島上的人民，一聽到「稅」，就像聽到打雷一樣，嚇得心驚膽跳。

當初，荷蘭人來時，所蓋的熱蘭遮城和普羅民遮城，他們無不爭先恐後跑去瞧；那宏偉的建築，令他們讚嘆不已。哪裡知道，這麼美麗雄偉的建築物，是用來控制、管理他們的。

當初，聽到荷蘭在島上設立「聯合東印度公司」，以為這些金髮的商人是來幫助大家，讓台灣的經濟發展起來。如今，台灣和外國的生意往來十分頻繁了，每年有成千上萬的鹿皮和砂糖賣給日本，大量的米賣到大陸，又從各地運來藥材、陶器、生絲轉往他國出售。然而，所有的錢，全都進了公司的口袋。勤苦工作的中國人，不論島上的原住民、移民而來的漢人，只不過是公司的廉價勞工。

平地農民，每出產一百斤稻米，就得交十斤當稅；漁

•王田制度，是將田按「甲」計算，每甲十畝，分授中國人耕種納租，所有耕牛、農具、種籽及修築陂塘堤圳的費用，由聯合東印度公司供給。

民也是如此。這叫「實物十一稅」。

高山原住民，則實施「人頭稅」；家裡有幾個頭就得交幾張鹿皮，可不管你是大人、小孩。

當初，荷蘭人帶來耕牛，教導種植甘蔗、製造砂糖的方法，台灣人民又以為從此生活可以改善，好日子就要來了。誰知道，所賺的錢，都送回荷蘭了。

荷蘭人沒有來之前，台灣雖然生活落伍，可是自由自在，沒有人管，更沒有人會一天到晚催繳「人頭稅」「關稅」「漁獵稅」「臨時稅」……。

「我們那麼辛苦的耕種，土地卻不是自己的，全是公司的『王田』；收成時，又要繳一大堆稅。到底是為誰辛苦為誰忙呢？」農民們無奈的在心裡嘆息。

「以為荷蘭人治理下，可以有富裕的日子過；怎麼會變成這樣，只有耕耘，卻得不到應得的收穫呢？早知道，又何必從家鄉渡海而來？」一批批移民來的漢人，也悔不當初。

然而，這些抱怨，這些苦水，是荷蘭人聽不到的，他們沒興趣、也沒時間去體會台灣百姓的心聲。

他們只知道，竭盡全力開發台灣這塊美好土地，然後化為數不清的黃金、銀兩，攜帶回荷蘭。

他們帶來傳教士，或乾脆由士兵轉任傳教士，到各地宣揚教義，教導原住民服從主，最重要的，當然也要服從荷蘭人。因為連司法官都是由教士擔任，一切都在他們的管理之下。

•舊式製糖情景。

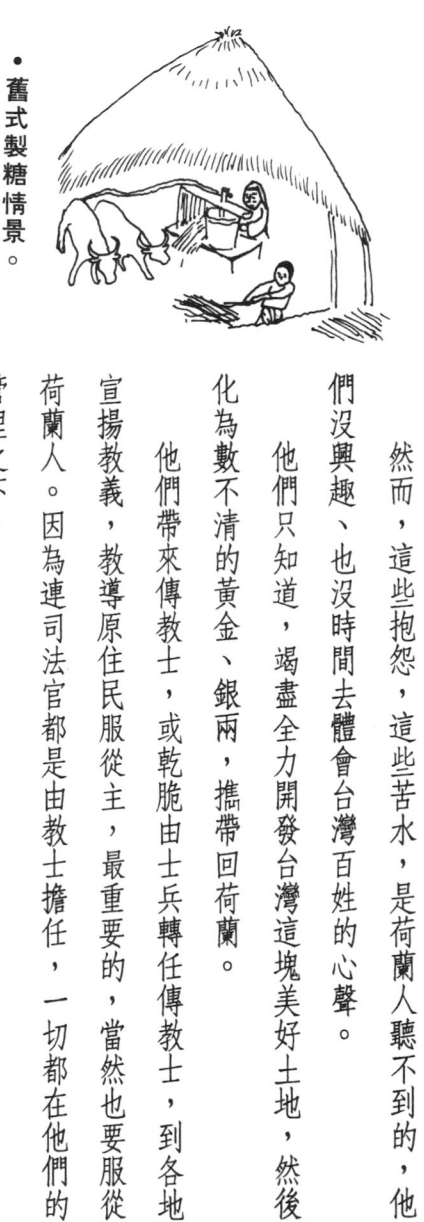

他們成天拿著紙筆，計算所得利潤；在向總公司的報告中寫著：「台灣的勞工人數——一萬一千名漢人。」「產業規模——耕地總面積三千甲，漁船兩百艘。」「本年利潤——四十六萬七千五百荷幣。」其他，還有運銷狀況、受洗人數、戶口數、村落數、未來展望……。真是精打細算，十分詳盡。

「這裡的土地是屬於荷蘭國王的，聯合東印度公司是代為經營的總經理。總之，這一切都是我們的。」荷蘭人眉開眼笑的說。當年，他們立下計畫，要將台灣變成荷蘭在東方的殖民地，如今看來，計畫已快實現了。

連綿數里的蔗田，散發出陣陣香味。

「甘蔗又要收成了。這一次，可以製成不少糖，又要

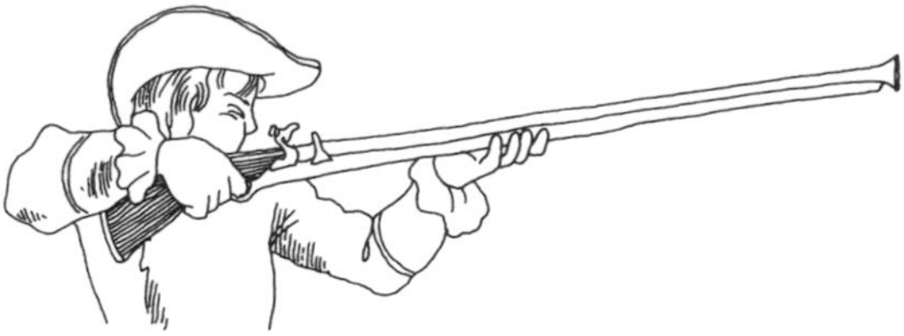

荷蘭持槍的軍人

對日本大賺一筆了。台灣，真是頭公司的好母牛，會下金幣的好母牛！」荷蘭總督高興的說。

他不知道，台灣人民的怨怒已經高漲，就要爆發了。

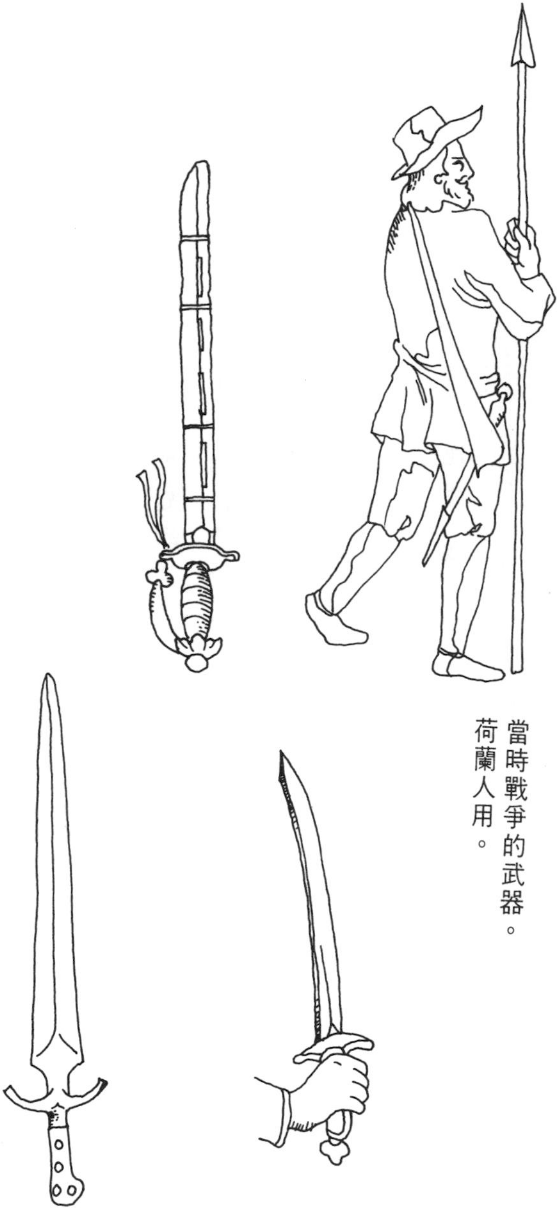

當時戰爭的武器。荷蘭人用。

西班牙的企圖

西元一六二六年，西班牙人也登陸台灣北部，在淡水建聖多明哥城，也就是現在的紅毛城。十六年後，被荷蘭人趕走。

陽光，灑在碧藍海面上，泛起點點金波。

船上的水手，瞇著眼睛，眺望遠方，他們看到一個翠綠的島嶼；島上林木茂盛，椰影輕搖，重重青山，雄偉聳立。在金色波浪陪襯下，島嶼真像一塊美麗的翡翠。

他們不禁輕呼起來：「啊！福爾摩沙！」

這是西元一五四五年，船上是葡萄牙人。在他們眼中，台灣是個世外桃源，「福爾摩沙」就是葡萄牙語「美麗之島」的意思。

從此，西方國家的航海圖上，便多了「福爾摩沙」這個地名。

葡萄牙人來了，荷蘭人來了，西班牙人也來了。帶著拓展國土、開發貿易的野心，他們一批批先後來到台灣。

西元一六二六年，十二艘西班牙的大帆船，浩浩蕩蕩開往「福爾摩沙」，率領這批西班牙軍隊的是提督瓦爾德思。

「報告提督，西海岸有荷蘭軍把守，剛剛派去的船被襲擊了，損失不少。」

瓦爾德思一聽到這個消息，氣得火冒三丈。

・三貂角，是西班牙文的「聖地牙哥」轉音而成。

・當年西班牙人所築聖多明哥城，已於清乾隆年間倒塌。當今的淡水紅毛城，原是英國領事館舊址。

「可惡！荷蘭人比我們搶先一步。看來他們已經占領了南邊的土地。」他想了想，命令船隻更改航向，開往台灣島的東邊。

幾天後，他們在北部的雞籠登陸，並且立刻以槍砲彈藥，擊退原住民，占據三貂角、雞籠嶼等地方。

「既然南半部已經被荷蘭占據，我們就在北部發展吧！」瓦爾德思命令屬下在山上建築石頭城寨，每個城寨上各設四座砲台，做為防守基地。

三年後，在西元一六二九年，他們又占領滬尾，並且在那裡蓋了一座高達三丈的「聖多明哥城」。

「荷蘭人能做的，我們一樣能做，不可以輸給他們。」看到荷蘭人開發土地，種植甘蔗，製糖外銷，又獵鹿捕魚，賺取大把銀子，西班牙人嫉妒得咬牙切齒，恨不得那些銀子都滾進自己的口袋。

於是，他們研究台灣北部的地質資源，發現除了野鹿之外，還有硫磺，也是珍貴的特產，便開始採掘；加上和呂宋、日本、中國大陸的貿易往來，也一日日頻繁；逐漸的，他們已把台灣北部視為西班牙的海外領土了。

「喂！你們記不記得剛來台灣時，吃的是什麼山珍海味？」西班牙士兵常戲謔的互相問。

「當然記得！那是道地的土產，連中國皇帝都吃不到呢！」

「哈！哈！什麼山珍海味，是野狗和野鼠啦！」

那時候，他們剛登陸不久，土地還沒有開墾種植，一

•基隆原來是凱達格蘭族的地方，漢人念不了那麼長，就以頭尾音簡稱爲「雞籠」（閩南音），清光緒時才正式改爲「基隆」。

時間糧食不夠，只好隨地捕捉林間老鼠和野狗來吃。又有些人水土不服，感染疾病，上吐下瀉，或高燒不退；提督十分著急，以為台灣不適合居住，幾次都想整理船隻，轉回西班牙。

後來，聯絡上以前生意往來的商船，接濟糧食和藥材，生活才漸漸安定，士兵也不再那麼恐慌。

「現在，還想不想吃山珍海味呀？」

「想！我們到雞籠港，去吃真正的山珍海味吧！」

幾年的努力經營，在西元一六三五年間，居住滬尾的西班牙人約有兩百人，雞籠有三百人。雞籠港也成了華南和馬尼拉的貿易中心。最繁榮時期，曾有二十二艘西班牙商船，同時滿載著貨物，進入雞籠港口。

「什麼？西班牙人在北部稱起王來了！」南部的荷蘭人，一聽到台灣這塊「美味大餅」，被西班牙人分食一半，開始睡不著、吃不下了。

「我們比他們早到，憑什麼讓西班牙人搶走一半的土地！」荷蘭人一想起來，便滿心的不情願。

當他們知道西班牙人在台灣北部的所作所為時，更是忍不住大發牢騷：「他們也派教士去向原住民傳教？也設立學校？」

「他們也鼓勵大陸的漢人移民過來？」

「什麼？他們的商船和日本交易得很頻繁？」這些事，荷蘭人也一樣在做，一樣是在別人的土地上剝削他人的心血。可是，此時此刻，他們只想到自己的利益，只考慮到台灣豐富的資源，捨不得被西班牙瓜分。

「整個台灣，都應該屬於荷蘭！」

荷蘭人終於忍不住了。

西元一六四一年，荷蘭的提督向西班牙的提督下一封「挑戰書」，希望他們能投降，乖乖的將台灣北部送給荷蘭。

挑戰書寫著：「本提督今天將派出強大的海軍艦隊，向閣下要回你們駐守的雞籠、滬尾二城。不過，按照基督教國家的習慣，開戰之前必須先通知對方。希望閣下能愛惜貴國人民的生命，趕快投降。我會遵守國際公法，優待閣下及閣下的士兵。」

西班牙的提督一接到這封信，二話不說，也寫了一封

•荷蘭人趕走西班牙人時的基隆。

回信。

「閣下的來信，我已收到。不過，本提督認為，凡是一個虔誠的基督徒，都應該忠於他的君王。我曾身經百戰，不怕任何威脅。如果你真想要這兩座城，就請你自己憑本事來拿吧！」

這一封強硬的信，真的把荷蘭提督嚇住了。他不敢輕舉妄動，一直等到第二年，確定西班牙的兵力並沒有增加，而自己已有爪哇派來的支援軍隊，才率領艦隊攻到雞籠城外圍。

經過四天四夜的砲戰，西班牙的兵力不足，只好投降。荷蘭人終於占領了全台灣。

他們雙方都以基督徒自居，任何行動，都說是在

•西班牙人一直到一六四二年的九月四日，才退出台灣。荷蘭人擄獲不少大砲、銀元及價值百萬元的貨物。

「神」的旨意下進行。然而，卻從來沒有問過這塊土地原來的主人——台灣百姓，反而自己做起主人來了。

從西元一六二六年開始，西班牙總共占領台灣十六年。

•西班牙人所建的紅毛城。

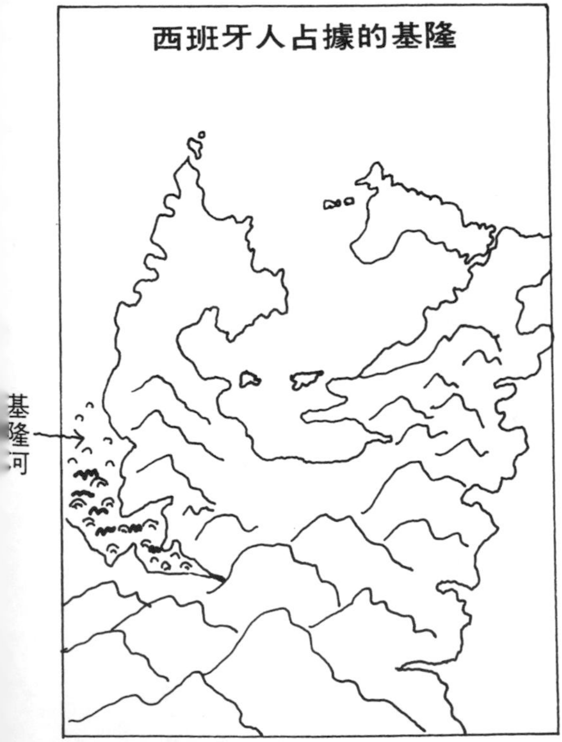

西班牙人占據的基隆

英勇抗荷的郭懷一

勇敢的郭懷一，在西元一六五二年帶領台灣人起來抵抗剝削百姓的荷蘭人。雖然失敗了，但是此舉卻讓台灣人的聲音，開始有了回應。

「天理何在？全台灣有數萬個中國人，紅毛番才一千多人，為什麼由他們來統治我們？」

「是呀！紅毛番規定，所有的田地都是他們國王的，叫我們種甘蔗，製成糖外銷日本。從前，我們在自己的土地上種稻、種菜。現在，只能種一點兒番薯填肚子。這是哪一國的道理？」

•荷據時代，荷人宣布，台灣所有的耕地都是「王田」，屬於荷蘭國王所有。

「這是荷蘭紅毛番的歪理！欺負台灣人！」

「唉！紅毛番的槍砲彈藥很厲害，被欺負又有什麼辦法？」

一聲聲的埋怨，一句句的苦水，聽進郭懷一的耳裡，他比任何人都難過。

曾經，他是鄭芝龍的部下，威武的追隨弟兄們闖蕩江湖；當年，大家都是好漢一條。自從鄭芝龍向明朝政府投誠，回到福建當官之後，弟兄們大都離散，各自尋求發展。他和何斌兩個人，倒是還擁有一些部屬，始終忠心的跟他們。

他們在台灣南部二層行溪一帶墾荒耕種，何斌在溪北，郭懷一則在溪南。二十多年的努力，使得他們累積不

•何斌，原來也是鄭芝龍的部下，後來學會荷蘭語，擔任荷蘭人的通事。

少財富，在台南地區，也漸漸建立起名聲。尤其郭懷一為人豪爽大方，喜歡救濟貧弱，更贏得當地人的愛戴，推舉他當村長。

台灣百姓的這些嘆息，他聽在耳裡，痛在心裡。他何嘗嚥得下這口氣？

「台灣人就這樣眼睜睜的看著外人侵占土地，卻只能縮在一邊不吭聲嗎？」

「繳不清的稅，幹不完的活，長年辛苦，錢卻落入荷蘭人的國庫。」

「縱使我今天略有積蓄，也備受村民敬重；一旦見到荷蘭人，還是得低聲下氣、打躬作揖。這種窩囊氣，難道要忍一輩子？」

・郭懷一來台不久就學會荷蘭語，並在荷蘭政府擔任通事的職務。

每當夜深人靜，郭懷一坐在窗前，看著外頭那一大片自己和村民雙手耕耘過的田地，聞著甘蔗、稻米飄來的清香，總會痛苦的問自己。

自從西元一六二四年開始，荷蘭人占據台灣已經二十八年了。明朝永曆六年，也就是西元一六五二年，這一年的中秋節前夕，郭懷一終於下定決心做一件事。

「這件事，只許成功，不能失敗。成功了，我們便能恢復自由，過好日子；失敗了，也許……」

「郭長老，我們了解您的意思。」村民們低聲的說。

大家都知道，驅逐荷蘭人並不是容易的事，只不過，再繼續下去，連子孫都得當「荷蘭奴」了，將來還有什麼希望？

「我計畫在中秋節那天晚上，邀請荷蘭長官富爾堡以及其他的官員、富紳到我家來喝酒賞月，乘機將這些重要人物一網打盡。」

郭懷一詳細的說出他的計策。

「最後，假藉要護送他們回去，帶領大隊人馬，進攻普羅民遮城。荷蘭軍一時防備不及，我們便能成功。」

「嗯！對！讓他們措手不及。」

「往年，他們都會到郭長老家賞月，這個機會太好了，他們絕不會起疑。」

村民們都對這個計畫很有信心。

但是，郭懷一的弟弟卻在一旁搖頭，他不安的提醒哥哥：「如果計畫失敗，會滿門抄斬！」

•郭懷一邀請荷蘭人在他家賞月，正合荷人之意，因為荷人有感台灣人越來越難控制，早就想拉攏台灣富商。

「你害怕的話，就不要參加，趕快逃吧！這麼沒有骨氣的人，不配姓郭。」郭懷一大聲的斥責弟弟。

「好！你有種，有骨氣，去逞英雄吧！」他的弟弟挨了一頓罵，氣沖沖的偷溜出門。

郭懷一繼續和村民們討論細節，並且分配各人負責的崗位。突然間，他發現弟弟不見了。

「糟了！他會不會去告密？」

郭懷一越想越不對勁，連忙召集眾人，慷慨激昂的說：「事到如今，與其坐以待斃，不如搏命一試。」

他看了看眼前這群善良、勤快的村民。

「各位！台灣自古是塊荒地，我們來到這裡胼手胝足、披荊斬棘，好不容易才開闢出一塊塊良田。紅毛番卻

•反抗荷人的百姓。

想不勞而獲，極力壓榨剝削。」

大家都覺得有一股熱氣在胸中沸騰。

「不但如此，他們更仗勢欺人。我們哪有什麼生命保障，哪有什麼尊嚴？」

「既然活著也是等死，不如大家團結起來，轟轟烈烈拼一場。我們人多力量大，並非沒有希望！」

他這一番話，說出了全體村民的心聲。大家便一致同意提早起事。他們約定立刻回去召集所有的壯丁，拿著最尖銳的武器，展開保衛鄉土之戰。

郭懷一挑選了四十個精壯的農夫，做為突擊的前鋒隊。他們乘著夜色昏暗，悄悄來到普羅民遮城的外圍堡壘——巴森堡。有個熟悉地形的工人帶大家從祕道潛入，進

入堡壘的後院。

「唉——」站崗的荷蘭守衛還來不及出聲，就被打倒了。六十個酣睡中的荷蘭兵，陸陸續續一一倒下，郭懷一迅速的搜出了所有的槍彈，趕忙到城外，和其他一萬多位參加起義的人會合。

「太好了！紅毛番做夢也沒有想到，我們會在他們夢中出現，擊倒他們。現在，立即向普羅民遮城前進。」

他們分成四路，將整座城團團圍住。守城的三百名荷蘭兵，看見城下黑壓壓一大群台灣人，嚇得手腳發軟。倉皇中，槍法也不準，砲彈也不靈了。

當天色亮時，郭懷一和英勇的百姓兵興奮的宣告：

「我們占領普羅民遮城！台灣要歸還我們了！」

他們破壞荷蘭人的軍事設備，並且計畫進一步攻打熱蘭遮城。

然而，郭懷一的弟弟卻真的去向富爾堡告密。富爾堡連忙緊急調派一千多名士兵，到普羅民遮城應戰。

臨時成軍的郭懷一和百姓兵們，所使用的是大刀、斧頭、長矛、菜刀、木棍等平常工作的用具。荷蘭軍卻手持進步的步槍，子彈一發，便射中要害。儘管雙方人數相差很多，然而鋤頭菜刀怎能敵得過步槍？在爆烈火藥中，台灣人一個個倒下，遍地鮮血，血流成河。

郭懷一舉起搶來的步槍，拼命射擊。子彈用盡時，他抓著大刀，勇猛的衝了出去。

「砰！」一記槍聲，打中郭懷一的胸腔。他咬著牙，

• 郭懷一事件株連了近萬人。

揮起大刀，卻無力的倒了下來。荷蘭兵又往前進了一尺。

這一仗，台灣百姓輸了，幾乎有五分之一的人民慘遭殺害。但是，郭懷一挑起的民族情操卻留在所有人心中，台灣人永不會忘記這位第一個捍衛「美麗之島」的英雄。

平埔族人蓋房子

石堆旁誕生的鄭成功

鄭芝龍向清朝投降，鄭成功則以金門、烈嶼等島嶼爲跳板。開始帶領士兵，展開「反清復明」大業。

西元一六二四年，日本平戶的海邊，一對年輕的中國夫婦沿著長長的沙岸散步。

「大海真美，好像一位神祕的女郎，輕輕唱著歌。」妻子看著一望無際的海洋，微笑起來。她已經有九個月的身孕，產期就要到了。想起將成爲母親，她有種幸福的感覺，何況身旁的丈夫，是那麼英武，在他保護下，孩子一定可以順利成長茁壯。

年輕的丈夫撫摸著妻子的秀髮，說：「在我眼中，你才是最美的，你會生下一個最漂亮的孩子。」

妻子開心的笑著，她盼望能產下一個男孩，將來可以繼承丈夫的志業。丈夫在台灣帶領的軍隊，已享有威名，連明朝政府都知道「鄭一官」不是普通人物。

「這個貝殼真特別，我要撿回家……」妻子彎下腰，想拾起那個紫色螺紋的貝殼。

突然間，她發現彎著的身子挺不起來，肚子彷彿有股力量在拉扯。「啊！好痛！可能……可能要生了。」

這突然而來的陣痛，令鄭一官慌了手腳。平時帶領手下的俐落，此時一點兒也派不上用場。他著急的問：「怎

•位於日本平戶的沙灘，現在仍立有一個小石碑「鄭成功兒誕石」，記載鄭成功出生的地方。

麼辦？你還能走嗎？我背你好了。」

「不，來不及了。快扶我到那個石堆旁。」中日混血的妻子田川氏，居然比他鎮定。也許當了母親，便擁有一股特別的力量。

就這樣，她在大石堆旁產下了嬰兒。如她所願，是個白白壯壯的男孩。生產過程的痛楚，已被喜悅取代，只記得石堆旁有棵松樹。為了紀念，便將孩子命名為「福松」，期盼他能像棵巨松，挺立成長，出類拔萃。

鄭一官的事業在台灣，由於日本規定女人不能出國，所以只能將田川氏母子留在日本，隔一段時間，他才會抽空回來探望。

「父親在海的那一邊嗎？」小小的福松，經常跟隨母

•西元一六二六年，在台灣稱王的鄭芝龍率軍進攻金門、廈門和廣東。

親到海邊玩，他總是好奇的望向海天遠處。

母親慈愛的回答他：「你的父親是個大英雄，他現在帶領許多士兵，打了好幾場勝利之戰。有人叫他『諸羅山王』，也有人叫他『台灣王』呢！」

她陸陸續續接到台灣傳來的消息，知道丈夫已經取代死去的顏思齊，成為新的領袖。也知道丈夫改名為「鄭芝龍」，統領十八芝的組織，整頓內部，以台灣為根據地，向大陸沿海一帶謀求發展。

她能體會丈夫的野心，鄭芝龍一向是個不甘平凡的人，早年追隨大哥顏思齊闖蕩南北，常是他一馬當先。

最新的消息傳來，鄭芝龍率領大批船隊，進攻金門、廈門，又直搗福建、廣東。由於他善用軍事策略，而明朝的官兵一向疏懶，所以他每戰皆勝，明朝政府簡直無法抵擋。加上他又嚴禁手下濫殺無辜百姓，並且將劫來的糧食，發給貧困飢荒的民眾，因此有不少人前來加入他的軍隊，他的聲勢也就更浩大了。

「沒想到鄭芝龍的兵力如此強大，我們的損失實在太大了。這樣下去，恐怕會耗損更多。」朝廷意識到問題的嚴重性，苦惱極了。

當時的知府王猷稟報巡撫：「依我的觀察，鄭芝龍是別有居心的。你們想想，他三番兩次放走我們的人，不追殺、也不俘虜，顯然只是想證明自己的本事，讓朝廷知道他的實力。」

「我們已經知道他不容忽視，又能怎麼辦？」巡撫仍

• 知府：省的下級單位是「府」，最高的行政長官就叫「知府」。

然想不出對策。

王猷笑著說：「世人所追逐的，除了名，就是利。現在鄭芝龍財富有餘，只缺功名。我們如果向他招安，請他向朝廷投誠，然後封個官銜給他，不怕他不答應。」

王猷看準了鄭芝龍的心思，立刻進行招安工作。一聽到這個消息，鄭芝龍立刻眉飛色舞。

「我等這一天已經很久了。童年時，已有人預測我會當大官，果然沒錯。」

西元一六二八年，他正式的投入明朝政府，被封為「海防游擊」，自願平定福建、浙江、廣東一帶的海盜。

「我已成為大明朝廷一員，也該把兒子接來教養了。」他準備厚禮，派弟弟鄭芝燕到日本遊說幕府大臣，終於將七歲的福松帶回中國大陸。

位於福建省晉江縣安平鎮的鄭家大宅，占地數里，是棟華麗的建築。然而，福松回到這裡，並不覺得快樂。他的父親已經又另外娶了一個中國太太，生了弟弟，他和他們是那麼陌生，加上母親田川氏還留在日本，要過幾年才能來。想念母親，使得他常常在夜裡偷偷的哭。

他的叔父鄭鴻逵十分器重疼愛他，不但鼓勵他「男兒要有大志」，也常摸著他的頭，告訴別人：「這是我們鄭家的一匹千里馬，將來前途無量。」

在鄭芝龍眼中，對這個兒子也有百般期待。他可以感受到小小年紀的福松，身上卻有股和同年齡孩子不一樣的氣質。他說話總是那麼沉穩，不會毛毛躁躁，做起事來，

・鄭芝龍曾兩次帶領飢民渡台開墾。第一次是一六二六年。第二次為一六三〇年，成為中國政府有計畫、大規模移民的第一次。

也都先經過仔細思考；他的眉間，常常帶著嚴肅的表情。

「這是塊讀書的料子，給他改個書卷味濃一點兒的名字吧！」鄭芝龍和老師商量，將鄭福松改為「鄭森」，老師另外為他取了一個別號「大木」。

少年鄭森，在豪華的宅院中成長了。當他的父親、叔父忙著在海上作戰，驅逐海盜、攻打荷蘭人，或點數商船稅金、奇珍異寶時，他跟著老師讀書、作文、擊劍、騎射。他尤其喜愛讀春秋、左傳和孫子兵法，常和老師討論歷史上的英雄，和那數不清的偉大事跡。

這時候，鄭芝龍憑著當官的後盾，收編流離失所的難民，擴充自己的勢力。他又以七年時間，消滅所有海盜，把南海視為自己的江山，所有來往船隻都要向他繳保護費。荷蘭人也和他簽訂「通商互惠條約」，給他優惠的利益，以換得商船的安全。鄭芝龍成了「亦官亦盜」的財主。

然而，明朝政府卻拿他沒辦法，連年飢荒，國家陷入財政困境，鄭芝龍卻不靠政府支援，反而日益富裕。到頭來，巡撫還要來問他：「福建旱災嚴重，民不聊生，如何是好？」

鄭芝龍回答：「聽我的，給這些飢民每人銀子三兩，三個人發一頭牛，用船載他們到台灣去開墾。」

就這樣，數萬個中國人大批登陸台灣。這算是中國政府第一次有計畫、大規模的向台灣移民。

父親的成就，沒有對鄭森產生什麼影響。他依然沉醉在書香中，滿心都是忠孝節義的歷史故事。有時，父親會笑著說：「這孩子好像跟我不太一樣。」

家族的長輩王觀光搖搖頭，告訴鄭芝龍：「他是跟你不一樣。但是，依他的相貌，將來絕對是英偉人物，你比不上的。」這句話，後來真的應驗了。

從此孺子變孤臣

西元一六二四年，鄭成功在日本出生，後由當時人稱「台灣王」的父親鄭芝龍帶回福建，接受儒家傳統教育。長大後，成爲一位忠勇愛國的男兒。

明朝崇禎十五年，西元一六四二年，一個年輕人走在福建省城福州路上。

「唉呀！年輕人，請你過來一下。」一個看起來像是算命師的人，叫住了他。

他皺了皺眉頭。「對不起，我得趕路。」

「急急忙忙的，難道要去參加考試？」算命師微笑問他。

年輕人抬起頭來，驚訝的回答：「我正是趕著參加科舉考試，您怎麼知道？」

「看你一身讀書人的打扮，現在又是考試期間，猜中並不難。你真的對科舉應試那麼有興趣？」

年輕人笑著說：「我在十五歲那年已考上秀才，如今十九歲，想試試自己的實力。」

算命師點點頭：「年輕人有志氣，很好。我看你面相不凡，氣質特殊，想送你一句話。」

「成就大事有許多方式，並不一定要靠政府授給官位。你算得上是奇男子，骨相非凡。我倒建議你憑著一身本領和聰明的頭腦，好好闖闖。」

•科舉制度規定，讀書人首先須參加鄉鎮裡的秀才選拔，通過者，入府州縣學，參加每三年一次的鄉試，中試者爲舉人。再參加每三年一次的京城會試，中者爲貢士。貢士再參加皇帝主持的殿試，分三甲發取，一甲三名，賜進士及第，第一名是狀元，第二名是榜眼，第三名是探花。二甲和三甲都取若干名，賜進士出身。

算命師又說：「你聽過鄭芝龍的名號吧？他不靠朝廷勢力，也不是科舉出身，還不是稱霸一方。」

年輕人低頭沉思，過了一會兒，站起身，向算命師道謝過，然後離開。

他正是鄭芝龍的兒子鄭森。然而，他卻不想和父親一樣，走那種搶劫、強行取奪、作威作福的路線。

儘管家中豐衣足食，出入隨從眾多，要什麼有什麼，但是，他知道這一切是怎麼來的。

鄭芝龍賄賂朝廷顯貴，讓自己不斷升官。西元一六四四年，流寇李自成攻入北京，崇禎皇帝在煤山上吊自殺，接著清兵入關，建立新的朝代，明朝的福王流亡到南京，組織臨時的政府。因為知道鄭芝龍勢力龐大，明福王特地

•西元一六四四年，吳三桂開山海關引清軍入關。一六四五年，清軍已直下南京，幾乎控制了整個中國。

•隆武帝（在西元一六四五年）於福州即位，是位讀書明理的君王，帶領明朝遺臣繼續與清軍對抗，後遇難於汀州。

封他為「南安伯」，好拉攏他為明朝效勞。

鄭森以為父親應該憑著強大的兵力，好好為明朝賣命，打敗清朝，建立功勳。然而，日復一日，卻不見父親出兵打仗。

西元一六四五年，鄭森已經二十二歲了。這一年，南京也被清政府攻打淪陷。新的明朝皇帝是唐王，在福州登基。鄭芝龍又被晉升為「平夷侯」，掌管福州整個軍國大權。唐王將復國的希望全寄託在鄭家身上，哪知道鄭芝龍卻有自己的私心。

「明朝氣數已盡，早晚都要向清政府投降的。等我聚集更多錢財，穩住勢力，再跟清政府商量，看看他們會給我什麼好處？」鄭芝龍的想法，是打算向清朝投降，憑自己雄霸一方的威勢，讓對方不敢輕視他，像當年明朝一樣，賞給自己高官厚爵，他便可以繼續過養尊處優的日子。

唐王隆武皇帝全靠鄭家支持，眼見鄭芝龍老是不出兵，他雖然心急如焚，卻又不知道怎麼辦才好。

「鄭芝龍到底存什麼心思?他真的願意協助我光復江山嗎？」隆武帝不止一次的問自己。「倒是他兒子鄭森，氣質不凡，也許是我的希望。」

還記得隆武帝第一次見到二十二歲的鄭森時，大為賞識，親切的撫著他的背，說：「可惜我膝下沒有女兒，否則一定許配給你。你是忠君愛國的勇士，我不會看錯。」

他並當場賞賜鄭森皇族的姓氏「朱」，改名「成

•隆武帝賜鄭成功皇姓「朱」，並封他為御營中軍都督。第二年，將鄭成功晉封為忠孝伯，賜尚方寶劍，並讓他掛「招討大將軍」的印。

• 鄭成功畫像。

功」，意思是反清復明大業，成功與否，就靠鄭氏家族了。

受皇帝恩寵，賜給「國姓」，對鄭成功而言，真是莫大的鼓舞。他在詩書史集中，所讀的就是國家有難，匹夫有責；他有滿腔的志節熱誠，願意為國家赴湯蹈火。

他的母親田川氏，這時也終於從日本來和他團聚了。

第二年，隆武帝又晉封鄭成功為「忠孝伯」，賜給尚方寶劍。但是清兵接著又攻打過來，隆武帝最後在汀州遇難了。

「我說的沒錯，我們準備投降吧！」鄭芝龍一聽到隆武帝的死訊，便立刻召集家人，說出自己的計畫。

「父親，福建、廣東多高山，如果我們善用地形，一定可以輕易將清兵擊退。請父親大人多考慮。」鄭成功想勸父親打消「投降」的念頭。

「你年紀小，哪裡懂得國家大事？現在明朝已絕，識時務者為俊傑。早日投靠大清政府，我們還可以繼續過安逸的日子。」鄭芝龍一心只想維持奢華的生活。

鄭成功見父親不聽勸諫，悲憤的說：「從來只有聽說父教子要盡忠孝，還沒聽說教子逆亂叛國。您曾受過明朝重用，享有皇上恩典，為什麼不統率精兵，驅逐滿清，保住大明江山？」

「你想的太天真了。」鄭芝龍不斷搖頭。

鄭成功卻繼續說：「人生不過如朝露，應當做些有意義的事，以求千古留名。況且清朝政府一向不講信義，萬一您投降，卻遭不測，又如何是好？」

鄭成功不死心，把所有可能的後果對父親分析。

鄭芝龍嘆了口氣：「我早知道咱們父子是不一樣的。人各有志，我只能做眼前最有利的打算。」

於是，父子就此告別，各走各的路。

不久，鄭芝龍果然向清朝投降。然而，當清兵進入福建省之後，卻背信忘義，逼死鄭成功的母親田川氏，又將鄭芝龍押解回北京。

鄭成功一聽到這個消息，淚流滿襟。他跑到文廟中，將身上的儒服、披戴的儒巾燒毀，在孔子牌位前痛哭流涕：「我從前是個穿儒服的讀書人，現在突然遭到國破家亡的慘劇，今後我要做效忠大明的孤臣孽子，立誓將清兵打出中國領土以外。請孔老夫子諒解我的一片忠誠！」

說完，鄭成功便率領著平日的好友九十多人，乘坐兩艘大船出海了。

西元一六四六年十二月，他和明朝存餘的文武官員在烈嶼會合，自稱「忠孝伯招討大將軍」，高舉反清復明的旗幟，招募舊有的鄭家部隊。

由於福建鬧飢荒，加上清兵亂殺擄掠，百姓痛苦不堪，許多人便前來加入鄭家軍隊。他的隊伍一天天強大起來，他也重新整頓兵力，加強設備。

「上天賦與我反清復明的任務，雖然我從來沒有帶兵的經驗，更缺乏作戰的實地操練，但是在父親原有精兵的協助下，我們應該可以試一試了。」

他大膽的以烈嶼、金門等島嶼為跳板，開始對大陸沿海州縣發動攻擊。鄭家部隊的厚實兵力，展現無比的威力，而鄭成功更是天生的將領奇才，在他指揮下，一連光復泉州、漳州等地。

他深深明瞭打穩基礎的重要，除了帶兵作戰，更加緊派出商船，繼續父親當年的生意，以囤聚糧食軍備。比起當年的鄭芝龍，他顯然「青出於藍更勝於藍」了。

潮水、大霧、鹿耳門

在何斌的勸說下，西元一六六一年鄭成功驅逐荷蘭人，收復台灣，結束荷蘭人三十八年的統治。並以台灣爲「反淸復明」的根據地。

「小心點，這批瓷器都是要運往日本的，裝箱時謹慎些。對了，有沒有在箱子裡灑上綠豆？別忘記澆水！」商行的老闆，向夥計一再交代著。他同時清點一箱箱的絲綢、瓷器，在賬本上做記錄。

「為什麼要灑綠豆？」一個剛來的新夥計問。

旁邊的人笑著回答：「箱子裡的綠豆在一星期後會開

・鄭成功接收父親鄭芝龍大批的船舶，利用它們來運載貨物，賺取軍餉、軍備的費用。因爲組織嚴謹，成爲中國唯一且最大的商團。

始發芽，一根根豆芽交纏在一起，正可以保護瓷器，免被顛簸、擠碎。海上航行時，又隨時有新鮮的綠豆芽可以吃，你說，這個方法聰不聰明？」

「這是我們的大將軍鄭成功想出來的，厲害吧！」另一個人接著說。

這是西元一六五七年，打著反清復明旗幟的鄭成功已經在東南沿海一帶，收復不少城縣。為了充實軍備，他繼承父親鄭芝龍當年的商船事業，只不過，讀書人出身的他，比父親更擅長組織與商業管理。他搜購大陸內地的絲綢、瓷器、奇珍異寶，組成海上船隊運送出國，賣了貨，再換成別的東西回來。

和父親不一樣的是，鄭芝龍把錢用來結交權貴，買私產，而鄭成功卻全部用來做為軍餉，添購軍備。在他心中，沒有私人的享樂欲望，只想早日恢復國土、收回河山。

自從西元一六四五年，他以烈嶼為基地，開始南北征戰，這期間，真正占據的只有金門，廈門兩個島嶼以及附近一些小島。然而，他的勢力不斷擴充，加上商船事業順利，後備支援不缺，所以，打了不少勝仗。

他治理軍隊十分嚴格，最重紀律；但是賞罰分明，有功績的，一定獎賞，犯了錯的，即使是自家人，也絕不寬貸。他親自督兵操練，並常常訓勉大家以復國大業為重。

明永曆十三年，是清順治十六年，鄭成功已經擁有十九萬的精兵，戰艦三千艘，於是，他決定攻進南京。

•鄭成功曾經因爲叔父鄭芝莞不遵守紀律而殺了他，以表示軍紀的嚴格。

沒想到，這一仗，他卻中了清兵裡外夾攻之計，使得他功敗垂成，只好倉皇退回廈門。清兵派了八百艘戰船追擊，在他奮勇抵抗下，終於將敵人打退了。

「將軍，滿清大軍是不會就此罷休的。守在廈門這個小小島嶼，前有清朝的百萬大軍，後面是波濤洶湧的台灣海峽。這情勢，對我們很不利啊！」

他的部屬分析眼前狀況，覺得十分危急。

鄭成功點點頭：「我知道。現在應該趕快找個新的地點，好好休養，恢復兵力。」

他望著海的那一邊，說：「台灣，曾經是我父親練兵的地方。我們可以在那裡重整江山，做為復國基地。」

正巧，這時候從台灣來了一個中國人，叫做何斌，求見鄭成功。

何斌曾是鄭芝龍的部下，當鄭芝龍向明朝歸順時，他和郭懷一等人留在台灣，開墾種植，過得不錯。然而，在荷蘭人的剝削壓榨下，郭懷一忍不住於八年前起義，想要驅逐荷蘭人，不料失敗，死了大批的漢人。何斌因為會說多種語言，被荷蘭人重用。但是，在他心中，外族欺凌的痛苦，常在胸中激盪不已。

何斌一見到鄭成功，立即拿出台灣地圖，獻了上去。

「先生為了什麼事而來？」鄭成功問他。

何斌回答：「我奉荷蘭總督命令，想向你請求解除對台灣海峽的經濟封鎖。」

他往前靠近一步，小聲的說：「但是，我也要趁這個

•當時荷蘭總督為揆一，是最後一任的駐台荷蘭總督。

・鄭軍大官、文官及鐵甲兵。

機會，向您報告一件事情。」

他指著台灣地圖，說：「台灣沃野千里，山上有木材礦產，沿海有漁鹽，是塊生聚教訓的美地。想當年，您的父親在此開拓，如今卻落入紅毛番手中，百般欺壓中國移民，您忍心見眾多百姓受苦嗎？何況台灣孤處海外，遠離大陸威脅，您在此建設，進可攻退可守。」

「我也想到台灣去，但是荷蘭人船堅砲利，我對台灣地形又不熟，因此不敢輕舉妄動。」鄭成功回答。

何斌高興的展開地圖，說：「這張圖上有詳細的地形指標，我也可以告訴您荷蘭兵力部署的情形。」

鄭露出笑容：「這真是上天有意安排，謝謝您。」

經過兩年的準備，西元一六六一年，鄭成功決心發兵

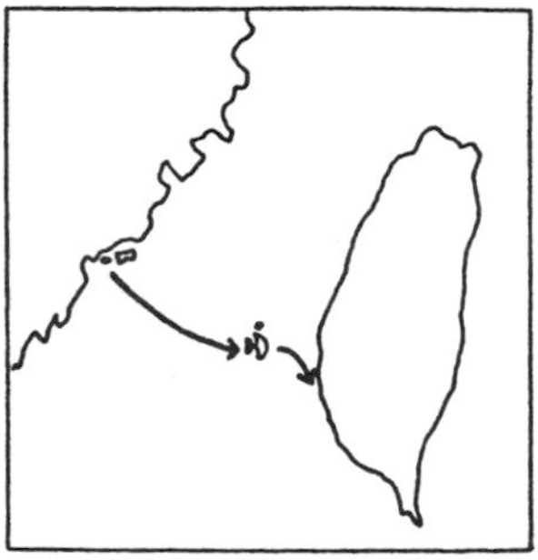

• 鄭成功於西元一六六一年四月三十日中午時分，順利開進鹿耳門溪，在北線尾附近登陸。

攻台了。

他率領三萬五千多名士兵，分乘四百艘船，在金門料羅灣集合，先到澎湖，等到風平浪靜，再駛向台灣南端的鹿耳門。

根據何斌的說法，荷蘭人以為鹿耳門水道淤積很深，大船不可能通行，所以並沒有在這裡設立守衛。熱蘭遮城的砲台也面向外海，不會對此處射擊。但是，何斌觀察很久，知道淤淺的河道中，已經又沖出一條深水，只要漲潮，絕對可以通行巨艦。

四月二日黎明時分，鹿耳門港口起了大霧，簡直成了鄭成功艦隊的天然掩護，荷蘭人完全沒有發覺大批軍隊已抵達外港。到了九點左右，潮水高高漲起，鄭成功恭敬的

•荷軍。

請出隨船供奉的媽祖神像，對天祭拜。然後親自和何斌在前面探查水道。

「先生說的沒錯，果然有一條深水道。趕緊命令船艦開進來。」鄭成功下達命令。

中午過後，所有的船隻都順利駛進鹿耳門溪，在北線尾登陸。

「這是什麼？唉呀！是船，哪來這麼多的船？」荷蘭人驚慌失措，搞不清楚那是來做生意的商船，還是進攻的敵人。等到發現鄭家軍隊帶著刀劍，向前廝殺而來，連忙出城應戰。

荷蘭人雖有火砲，但是鄭成功也有準備，帶著二十八尊大砲出擊。大批的鄭家軍，鬥志高昂，人數不多的荷蘭

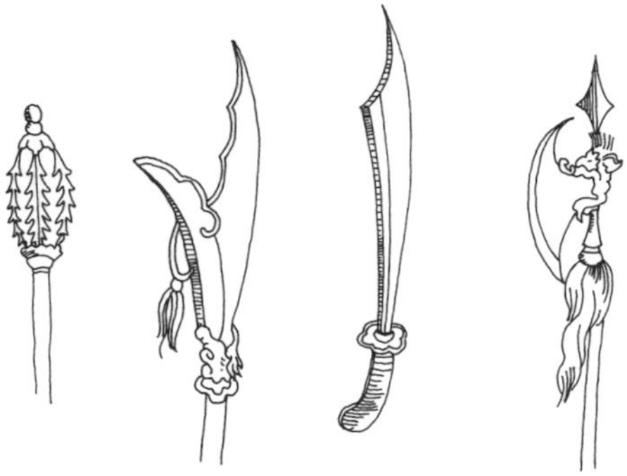

當時戰爭的武器。鄭軍用。

軍，連連戰敗。最後，只好退守到城堡中。

「我們應該先占領倉庫，才有軍糧可吃。」何斌提出建議。鄭成功立刻派兵占領糧食倉庫，自己則親自率兵攻打普羅民遮城。

他命令士兵每人拿一束草把，在城外團團包圍。然後請通事進城警告守城的荷蘭將領，如果不投降，馬上燒城。荷蘭將領一聽，知道寡不敵眾，只好投降。

鄭成功繼續向熱蘭遮城進攻。他將整座城圍住，卻不進擊，反而請人帶信給守城的荷蘭將領，上面寫著：「我不想採取慘烈的軍事行動，人命可貴，請閣下歸還中國的領土，和平解決事情，莫做無謂的犧牲。」

沒想到荷蘭將領硬是不肯投降。九個月後，鄭成功斷絕城中的水源，荷蘭軍才體認到山窮水盡，不投降也不行，只好派出代表和鄭成功協議投降條件。

從西元一六二四到一六六二年，台灣總共被荷蘭統治了三十八年。鄭成功終於接收了父親當年創立的地盤。

• 荷蘭使者晉見鄭成功求和景。

• 西元一六六二年，鄭成功收復台灣時，鄭芝龍在北京被斬首。

淚眼遙望舊山河

來到台灣後，鄭成功開始建設台灣，不幸因爲內憂外患，第二年就病逝了，享年三十九歲。

明永曆十五年十二月十三日，是西元一六六二年二月一日。對台灣人民來說，這一天，是永遠難忘的一天。被荷蘭人統治了三十八年，這一天，荷蘭人終於正式向鄭成功投降了。

台灣百姓也終於可以抬起頭、挺起胸，在自己的土地上高聲談話，展露笑容了。

「感謝國姓爺！」

「延平王萬歲！」

三十七歲的鄭成功，被台灣人民尊稱為「國姓爺」，因為當年他曾受明隆武帝賞賜皇族姓氏，後來又被繼位的明永曆帝詔封為「延平王」，所以也有人這樣稱呼他。

「國姓爺」也好，「延平王」也好，鄭成功心裡並沒有絲毫的喜悅。復國大任，一日不成，他便一日不得安心。將荷蘭人驅逐之後，他立刻著手建設台灣，想盡快將這個復興基地打好基礎。

「荷蘭人採取『王田制』，我們改為『官田制』，把田地還給佃農耕種，讓大家改種五穀，燒掉蔗田吧！如果連人民都吃不飽，還談什麼製糖外銷？」

•「屯田駐兵」的田，又叫營盤田。今天台灣很多地方仍以鄭成功部隊屯田爲名，如台南的新營、林鳳營、左鎭。高雄的左營、衛武營、前鎭等。

他又擔心軍隊糧食來源不足，所以採取「屯田駐兵」政策。將官兵分發到南部各地，一面做軍事操練，一面開闢農田，便不怕沒有糧食可吃。

為了讓台灣成為反清重地，他更勵行法治，紀律森嚴；凡有犯法者，一定嚴懲。

就在鄭成功致力建設台灣時，清朝政府卻已慘無人道的想出一些方法，用來對付他。

「禁海令——片板不許下水。」

「遷界令——粒貨不許越疆。」

一道道大清聖旨頒布下來了。貧困的東南沿海百姓開始過著遠離家園、流離失所的苦難日子。

原來，清朝政府為了徹底斷絕鄭成功的經濟來源，規

•鄭成功一向崇尚法治，即使是自己的親戚，也不會稍加縱容。

定所有人民不准越過台灣海峽，連一塊板子都不許下水；更殘酷的是，清世祖順治皇帝為了阻絕沿海居民和鄭家軍的往來，規定北起山東、南到廣東，所有人民一律向內地遷移十八公里。

「我們世代住在這裡，怎能說搬就搬？祖墳怎麼辦？搬到內地怎麼過活？」被迫遷移的百姓苦不堪言。

福建省的居民尤其可憐，一概後退三十里築牆。只要超過牆一步，便被打死；不肯搬遷的，便被燒毀房屋。

清政府的目的，是想圍困台灣，讓鄭成功無法再與大陸地區進行貿易，換取軍備；也斷阻大陸人民投奔台灣，加入鄭家的陣營。

鄭成功知道這個消息，心痛如絞，這是一記致命的打

•嚴格的「禁海令」、「遷界令」，使海濱居民直接受害，憤恨之餘，他們轉而偷渡台灣。

擊。而最令他痛苦的，是廣大沿海百姓「失去家園」的災難。他是為拯救蒼生而奮鬥的，如今，竟然害得蒼生因他而受難，他如何不內疚？

更可怕的消息傳來了，父親鄭芝龍與所有鄭氏家族，在北京被斬首，滿門老幼，無一倖免。這個慘絕人寰的訊息，令鄭成功暈倒在地；醒來時，他面向北方，大聲痛哭：「當年父親大人不肯聽我勸阻，如今慘遭殺身之禍。我發誓一定為全家復仇、為百姓申冤！」

「福無雙至，禍不單行」，另一樁不幸的消息，又接著傳來——明永曆帝父子在昆明被吳三桂絞死。

鄭成功悲痛不已。

「我所努力的，就是要協助永曆帝恢復帝位，使得大明旗號重新豎立起來。如今君王已死，十多年來的辛苦經營，還有什麼意義呢？」

每個夜裡，鄭成功輾轉反側，難以入眠。他有種「國已破、家已亡」的感覺；反清的志業，又是困難重重。未來，他該怎麼走？下一步，他能做什麼？

唯一令他安慰的，是新近得知兒子鄭經生下一個男孩。三十八歲的鄭成功，有了一絲當祖父的喜悅。雖然孩子是鄭經的侍妾所生，但家中添了壯丁，總是喜事一件。他派人送了不少厚禮過去。

沒想到有一天，他卻突然接到一封信。信是前尚書唐顯悅寄來的，他是鄭經原配夫人的祖父，算來，是親家。這封信的內容有如晴天霹靂，令他不知如何是好。

唐顯悅在信中大罵鄭經禽獸不如，並指責鄭成功家教不嚴，才會發生這種醜事。

原來，鄭經的兒子，是和他四弟的乳母陳氏私通所生，並不是侍妾產下的。

「這大逆不道的孽子，竟敢欺騙我！」鄭成功又氣又羞。他自小受傳統禮教約束，最注重倫理道德。自己的兒子，卻偏偏做出這種醜事，自己被矇在鼓裡，不但沒有懲罰兒子，還加以賞賜。難怪唐顯悅寫信來責罵。

鄭成功立刻下命令給兄長鄭泰，請他至廈門處決鄭經；他又怪自己的夫人董氏沒有好好教導兒子，連同陳氏母子一併斬殺。

「老爺瘋了？居然下令殺自己的妻子、兒子？」接到

•一八七四年，沈葆楨奏准在台灣建鄭成功祠，現位於台南，名「明延平郡王祠」。

命令的將領，一時不敢下手。同時向鄭成功請求，赦免鄭氏母子的罪。

「鄭經不過是一時糊塗，才做出這種傻事。年輕人難免貪玩，不懂事，再給他機會彌補嘛！」

鄭成功卻橫眉豎目、怒氣沖天的說：「我帶領軍隊，一向最重綱紀，豈可容忍自己的兒子犯這種違背倫常的事，我絕不饒恕！」

然而，將領們還是不忍心下手。

此時，鄭成功染患了惡性瘧疾，病情一日日加重。他卻常常登上城樓，手持望遠鏡，焦急的問：「有沒有支援的糧船來？」

皇帝殉難了，父親被斬了，兒子又做出醜事，種種令他痛心的事，一件件發生。終於，他再也支撐不下了，西元一六六二年，三十九歲的鄭成功，身心交瘁的病逝在台灣。抱著遺憾，他死在這塊從荷蘭人手中取回來的土地。

鄭成功所搭的戎克船

• 鄭成功總共在台灣住了十三個月又七天，死的時候，年紀只有三十九歲。

鄭氏王朝對台灣的開發

鄭經繼位，在陳永華的協助下盡力建設台灣。因此，許多大陸沿海的貧民，都想辦法來台灣，希望能過好日子。

鄭成功抱著未完成的壯志，遺憾而逝。接著繼位的，就是他的兒子鄭經。

起初，鄭經帶著他的軍師陳永華等大將駐守在廈門，但是，他繼位的第二年，清兵便和荷蘭人聯合起來攻打金門、廈門等地。最後，鄭經只好護衛著前來投靠的明朝末代皇族——寧靖王朱術桂等人，舉家退回台灣。

「我們用十年的時間成長，十年教養，十年聚練實力；三十年後，就有能力和清朝政府對抗。」

陳永華是個飽讀經書，善用謀略的軍師，他建議鄭經好好開發台灣，以三十年的時間培養後盾。

鄭經點點頭說：「父親在的時候，就很重視土地開發，我應該繼續執行他的政策。」

當年，鄭成功為了調合部屬、新來移民與台灣原住民之間的友好關係，並妥善分配自然資源，曾頒布詳細的開墾章程。規定原住民和先來的漢人，可以繼續保有原來的田地，部屬不准搶奪。

至於原屬荷蘭人的「王田」，他也一律改為「官田」；從前，在王田耕作的台灣人，受到荷蘭人的鞭策與

•陳永華是鄭經的輔政軍師，最重要的政績是土地改革。

•現在台南縣還有「官田」這個地名。

監視，地位好像農奴一般。現在，可以改種自己想種的穀物，不再為了製糖，通通種甘蔗；而且每年只要定期繳給鄭氏官府一定的租穀就行。

「太好了，終於可以種稻子、番薯，全家不怕挨餓了。國姓爺的恩德，真如山高海深。」百姓無不對鄭成功感激愛戴。

而文武百官，也可以在未開發的土地中，選擇自己理想的地點，或設立衙門，或創建莊舍，做為子孫永世的產業，使得大家無後顧之憂。

軍隊龐大的糧食開銷，也在鄭成功考慮之中。他分配各個軍隊去自行開墾，駐守的田地，稱為「營盤田」，從此，部隊便可以自給自足，不須再為軍餉、糧草操心。

他的手下部將——林鳳、林杞等，帶著自己的部屬，在南部一帶，開墾山林、闢建良田，成了「半耕半軍」的部隊。

田野、森林開墾了，接著各種水利設備也陸續興建，以利灌溉。

總計整個台灣的屯墾路線，分為南北兩路，從南端的高雄、屏東到北端的淡水、基隆，都有人民勤勉墾殖的足跡，都曾滴下辛苦勞動的汗水。

承接鄭成功的土地政策，鄭經也繼續鼓勵人民投入龐大勞力，配合良好的水利設施，開墾更多的田園、村莊。

「有自己家的感覺真好。」

「是啊！擁有自己的土地，吃著自己種植的食物，我

•林鳳帶著部屬在台南縣開墾，即今天的林鳳營。林圯則北上到中部，現今的南投縣竹山鎮開墾。

•明鄭時代的水利設施也都以軍營爲名，例如屏東的新園陂、高雄的仁武陂、烏樹林陂等。

再也不想到別的地方去了。我願意住在這裡，台灣就是我的家。」

不論是隨部隊來台的漢人或偷渡來台的流民，在台灣這塊海角新樂園創立家園，都覺得辛苦得有代價。

除了開發土地，陳永華也建議加強手工業，製糖、煉瓦、燒磚、曬鹽等。不但供自己民生之用，也可以作為外銷，真是一舉兩得。

「凡是管理眾人之事，一定要謹慎，詳訂計畫，才能安定社會秩序。」陳永華有先見之明，考慮得十分週到。

他告訴鄭經，須訂定「都市計畫」，免得街道參差不齊，不僅交通不便，整個城鎮的市容也不美觀。

「我們以承天府為中心，蓋一條十字街，分為四坊，每坊都有人員責辦理地方事務。」陳永華說出他的計畫。「至於近郊地區，則在每一里中設社，每社有鄉長，下有首長，辦理戶籍事務。」

在這樣有規模的管理下，台灣地區變得秩序井然。鄭經更在陳永華的輔佐下，勸導百姓勤於農事，嚴禁淫賭，並常辦理救窮濟貧的善事。漸漸的，游手好閒的游民減少了，大家都知道只要肯耕耘，就不怕沒飯吃。

「清朝的『禁海令』『遷界令』，對我們真是莫大的阻礙。這種經濟封鎖，應該如何突破？」鄭經為了這個問題，苦惱不已。

他和陳永華等大將討論、商量，最後決定以兩個管道來對付。

•「禁海令」、「遷界令」卽清朝爲阻絕沿海居民與鄭氏家族往來，嚴格規定，自山東至廣東的沿海居民，一律向內地遷移三十里。

・呂宋卽現今的菲律賓，暹羅爲今日的泰國。

「俗話說『自助才能人助』，我們得先從加強自家力量開始。現在清廷試圖斷絕台灣的經濟，只要我們加緊島內開發，促進民生繁榮，便能自給自足。」

陳永華一一分析。

「進一步還得突破，展開對外貿易。雖然清廷頒發了各種禁令，但是『魔高一尺，道高一丈』，天無絕人之路。清廷再厲害，也不能將咱們團團圍住吧？」

鄭經頻頻點頭：「對呀！滿清只能禁絕大陸沿海船舶下水，我們和呂宋、日本、暹羅等地的貿易，絲毫不受影響。」

陳永華又說：「最重要的是，人沒有不愛財的。經我打聽，清朝的禁令，只是誇大其詞的條文，他們哪有天大的本事徹底執行『片板不許下水』呢?只要向沿海地區的那些貪官賄賂賄賂,仍舊可以走私。」

就這樣,他們一面繼續與外國進行貿易,一面偷偷和東南各省的商人私下做生意。

漳州商人江勝,是他們的祕密管道。他集合漳州、泉州兩百多位商人,在廈門海面的一個小島上,和台灣進行「武裝走私」;大陸的特產,從這裡頻頻流入台灣。

「如果父親還在,不知會不會贊成我的做法?」鄭經不止一次問陳永華。

「他一心收復國土,會贊許你對台灣大力開發的。」陳永華知道鄭經常為年少時,因犯錯使得父親早逝而責怪自己,便安慰他。

「只要牢記，我們的一切努力，是要繼承國姓爺當年鴻志，不可輕易對滿清投降就好。」

秉著這樣的信念，他們將希望放在台灣這塊土地上。

台灣的諸葛亮——陳永華

陳永華輔佐鄭經，設立學校，教人民晒鹽、燒磚等技能。他對台灣貢獻很多，被尊稱爲「台灣的諸葛亮」。

●陳永華在台南所建的孔廟。

每當鄭經遇到苦思卻不能解的難題時，第一個想到的，就是找陳永華；而陳永華也都不負期望，提供絕佳計策給他，問題總能迎刃而解。

「先生真有如三國的諸葛亮再世！」鄭經常衷心的讚美他。「沒有您，我就像少了一隻手臂。」

自從他們遷到台灣，在陳永華的輔佐下，施行土地改

・陳永華除了積極台灣的土地改革外，也鼓勵民間晒鹽、燒製磚瓦等生產事業。

革、屯田政策、都市計畫等，使得台灣社會秩序井然，百姓生活也漸安定。

另一方面，陳永華又教導人民種甘蔗製糖，晒海水製鹽，收編漳州商人江勝為水師，在廈門駐屯，負責運販布帛來台灣。因此，台灣人民的「食衣住行」，不再缺乏。

「父親當年任您為參軍，實在是慧眼識英雄。」鄭經對陳永華的各項建設方案，都佩服得五體投地。他深深感受到，能得一位足智多謀、又正直不阿的人為自己效命，是多麼難得，又是多麼幸福！

陳永華是福建同安人，十幾歲時就中了秀才，平時他沉默寡言，但遇到事情，總能迅速判斷，訂出最佳對策。鄭成功第一次見他時，便稱許他「對時事有獨到的見

台灣晒鹽的景況

解」；並常叮嚀鄭經：「以後，凡事多聽陳先生的指示。」

受到鄭氏父子兩代的禮遇，陳永華更加竭盡心力效忠。他是受儒家教育長大的，「忠君愛國」的觀念根深柢固。自從鄭成功死後，他更覺責任重大，一心一意要協助鄭經早日完成復國大業。

明永曆十八年，是西元一六六四年，擔任「勇衛」的黃安病逝，陳永華奉命接替這個職務。從此，他更不辭勞苦，親身踏遍台灣南北部，到處考察地形，研究各地風土民情，為百姓解決問題，鼓勵人民從事開墾。

他見台灣已達衣食無缺的境地，有一天，便晉見鄭經，提出他的新構想。

・一六六五年，鄭經在台南興建了台灣最早的孔廟兼學堂——「全台首學」。

「人民如果不加以教化，便和原始動物沒有兩樣。現在台灣開闢已經略有規模，一般百姓生活也漸安定。眼前正需要開始進行教育文化工作。」鄭經想了很久，面帶懷疑的表情：「可是一切才剛創建，台灣又土地狹小，人民稀少，到處是土番，有什麼教育文化事業可做？」

「我們可以建孔廟，立學校，教導人民讀書。」陳永華向鄭經報告。

鄭經搖搖頭：「目前恐怕時機未到，以後再說吧！」

陳永華卻立刻提出反駁：「從前的周文王，只有七十里土地，就可以興建周朝。現在台灣有千里之廣，怎能算是土地狹小呢？國家的興亡，主要在於君主賢不賢能，和土地大小並沒有直接關係。」

他又接著說：「假如只讓一般百姓吃得飽，穿得好，而不去教育他們，這跟養動物有什麼差別？有了教育，才能培養人才，國家才會有賢良的人，社會也才能鞏固；這個道理，難道您不明白嗎？」

鄭經年少時，也受過長時間的教育，詩書禮樂都懂，當然能體認陳永華的說法。他思考了一會兒，終於點點頭說：「還是先生有遠見。的確，我們應該教化百姓了。」

他們便在承天府附近，選擇一塊合適的地點，興建孔廟。孔廟落成那天，鄭經親自率領文武百官，舉行隆重的祭孔大典。許多人扶老攜幼前來觀禮，都感受到那種莊嚴肅穆的氣氛。

孔廟旁邊的明倫堂，設立為「太學」，是全台最高的

•台南孔廟現被列爲一級古跡。

• 因爲陳永華的興學，台灣成爲漢人讀書、求取功名的地方。

教育機構。底下又設立州府學、社學，聘請老師教導學生。凡是八歲以上的兒童，都要進入小學，開始接受教育，讀四書五經。

「一定要去學校嗎？到底去那裡做什麼？」剛開始，民衆搞不清楚，不知道背那些經書有什麼用。

曾在大陸受過教育的人，便告訴大家：「你們的孩子入學受教化，才會變得聰明。以後又可以參加三年一次的考試，考上了，又能繼續升入太學念書。學成後，如果又通過考試，就有機會當上國家官員。到時候，你們就是官老爺、官夫人啦！」

「真的？太好了。我們家從來沒有人當過官。」百姓們滿心喜悅的拍著孩子的頭，勉勵的說：「好好的讀，這

當時台灣文人的裝扮

是延平郡王帶來的恩典。這輩子，說不定會由你來光耀咱們家的門楣。」

有了受教機會，又有詳細的考試制度，大家都知道只要勤奮讀書，便可以出人頭地，光宗耀祖，為國家貢獻才能。所以，百姓們都互相勸勉用功求學。

「唉呀！官府的人把教堂拆掉了，不知道要做什麼？」山中一座座教堂被改建了。那些教堂，是從前荷蘭人、西班牙人占領台灣時，為了收服台灣百姓，採取「宗教洗腦」方式，大力宣揚基督教，而在原住民部落所建的。

現在，教堂全被鄭經改為學堂，聘請漢人教導他們四書五經，和用中文寫作。

「人之初，性本善……」

「學而時習之，不亦悅乎……」

山中原住民部落裡，到處可以聽見兒童以天真的嗓音，朗誦著古文經典。

「陳先生對我們太好了。」

「是啊！他那麼關心百姓，做起事來又井井有條，真是難得的好官！」

一般百姓都十分尊崇陳永華。

「如果沒有您的極力主張，就不會有今天文風鼎盛的情景。看到百姓能接受教育，四處聽見琅琅的讀書聲，父親在天之靈，一定也感到欣慰。」

同樣是受過儒家教育的鄭經，很高興能聽從陳永華的建議，做了這項明智的決定。

然而，自古忠臣常遭小人嫉；陳永華忠貞為國、不眠不休的努力，看在一些心胸狹隘的奸人眼裡，卻開始嫉恨起來。他們開始計畫要想辦法奪取陳永華的大權。

• 沈光文畫像。

• 爲紀念明鄭寓台大儒沈光文(字文開)，鹿港設「文開書院」。

• 陳永華逝世後，與妻子合葬於台南柳營，該地現仍留有他們的大墓。

鄭經的聯外抗清行動

為了充實軍備，鄭經和外國人做生意，買進各種武器，用來對清朝作戰。

「快，快把茅屋拆掉。」一個消息傳下來，竟使得台灣百姓急著開始拆掉自己居住的茅草屋。

疑惑不解的婦女問丈夫：「你瘋了，房子拆掉，我們住哪裡？」

他的丈夫回答：「我已經和二弟商量好了，以後我們兩家住在一起，暫時擠一擠吧！」

原來，鄭經新訂下一道命令，規定以後除了原有繳交的各項稅款外，連鄉下的茅屋也得納稅，每一丈平方繳五分銀子。為了逃避稅款，貧窮的鄉民乾脆拆掉茅屋，幾戶人家擠一間屋子。

「唉！我已經快要沒有辦法了。現在，居然得向屋簷去徵稅，百姓一定怨聲載道。」苦惱的鄭經，在書房中眉頭深鎖。

自從父親去逝，由他接掌大權，領導台灣，便整日為前途焦慮不安。清朝三番兩次派人來招撫，希望自己投降；但是他不願「削髮歸順」，盼望能像朝鮮國一樣，成為海外的獨立國，定期對清朝入貢。然而，清朝當然不願放虎歸山，深怕他在台灣勢力越來越壯大。

•鄭經治理台灣後期，因軍需財政困難、天旱糧荒、番人叛亂等原因，開始向人民增加稅賦。

•滿清入關後，第一件事情就是規定，人民剃髮、結髮辮，違者論斬。

「如果要我學滿清人，將前半部頭髮剃掉，只剩下後半部，再結成辮子垂於背後，那成什麼樣子！堂堂大明延平郡王，豈可受這種侮辱。」鄭經繼承父志，當然不可忘記自己的重責大任。

但是，為了要建設台灣，成為反清堡壘，加上未來攻打清朝的計畫，必需耗費大量金錢在這個目標上。因此，幾乎所有貿易所得，都用來換取軍事設備。

本來，和大陸內地貿易往來，可以賺不少錢。自從這個管道被清朝用「海禁令、還界令」封鎖後，雖然仍有一部分走私，但總是不夠。為了應付龐大的軍事費用，只好想辦法從台灣內部籌款。

「這全都是為了國防需要啊！如果台灣被攻了，人民也沒有安全保障。如今，為了保護大家，向他們收稅以充實國防，這也是沒有辦法的事啊！」

他的部屬這樣勸他。但是那各種名目、花樣百出的稅金——包含最新的「茅屋稅」，實在令他寢食難安。

除了對內籌錢，對外，鄭經也想盡各種管道和別國交易。在對日本的貿易中，他以台灣的糖和獸皮換取日本的銅，以便製造槍砲。

西元一六七〇年，他又和英國做起生意來。

「我是英王查理派來的特使湯普森，請求晉見『台灣國王』。」

外國的使節，稱呼鄭經為「台灣國王」。

「我國在印度成立東印度公司，已和中國做了不少生

•鄭經和英國保持良好關係的同時，滿清和荷蘭也結成軍事同盟，準備一起對抗台灣的鄭經。

意。現在，聽說台灣物產也很豐富，特來談談生意經。」

湯普森呈遞上國書，恭敬的對鄭經說。

英國自從工業革命後，造船的技術領先其他國家，早已取代荷蘭、西班牙，成了海上的霸權。「東印度公司」就是他們對亞洲地區進行貿易的機構。

鄭經知道自己需要和別的國家做生意，才有機會購得更多設備，所以，對湯普森也很禮遇。

「我們是英國，和從前的荷蘭人不一樣，願意誠心和台灣通商，請准許我們的請求。」湯普森提出他此行的目的。

自從荷蘭人被鄭成功逐出台灣，這是第一個來台的國家。

在雙方的談判下，鄭經和湯普森訂下三十七條協議。英國人得到的好處有二十條，包含：可以自由在台灣買賣、自由雇用通事、自由行動、隨時可以晉見「國王」、可以使用英國標徽與國旗……等。

至於鄭經，則向英國提出十七個條件，包含：每次商船來台，都要帶火藥、槍砲、鐵器及紡織品；派兩名砲手為鄭經服務，以管理榴彈及其他武器；留鐵匠一人，好為台灣製造槍砲……等。

英國在台灣獲得許多權利，鄭經則從英國手中購買到最新的武器，以便反攻。

隨後幾年，鄭經又陸陸續續和英國簽訂補充條款，內容都和上次的協議差不多。英國得到更多的商業便利，而

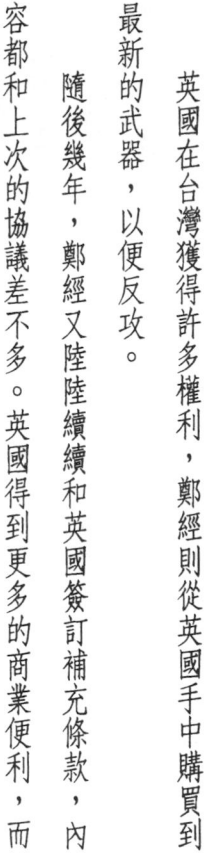

• 三藩之亂指吳三桂、耿精忠、尚可喜三位接受清朝封位的藩王，聯合起來反抗清朝。

鄭經得到更多的軍火。

「這一切準備，就是為了攻打清朝。」鄭經開始著手進軍的行動計畫。

西元一六七三年，三十二歲的鄭經，接到消息，中國大陸爆發「三藩之亂」，雲南與福建地區已有大批人民起來反清。

「時機到了，趁著這個機會，結合大陸那些叛軍的力量，一定能一舉消滅滿清。」鄭經意氣風發的整理軍隊，雄心萬丈準備出發。

他命令陳永華留守在台灣，自己率領大軍渡海出征。

沒想到，這一仗，卻打得不順利。

答應和他合作的「三藩」之一——耿繼茂的兒子耿精

忠，出爾反爾，原先說要將漳州、泉州送給他，卻不守信用。因此，他的征戰，竟然是先和耿精忠打起來。彼此互不信賴，又只顧及自己的利益。這一場最大的反清行動，最後卻落得全盤失敗。

鄭經曾一度大破清軍，占領不少地點，但因孤軍深入，沒有後力支援，又做了一些錯誤的決定。西元一六八〇年，只好狼狽的退回台灣。

「十多年來的努力，終究是一場空。可恨！可恨！」鄭經覺得十分沮喪。

更難過的是，母親董太夫人不但沒有安慰，反而大聲斥責：「你領著成千上萬活生生的大軍出門，如今卻帶一批批死人回來，怎對得起祖先英靈？」

・陳永華於西元一六八〇年逝世。同年，鄭經西渡想要強登大陸，卻大敗而歸，約有十萬鄭軍降清，形成致命傷。

鄭經悔恨交加，絕望萬分。雄姿英發的「台灣國王」，從此沉迷於酒色之中，藉以澆愁。

農民耕作、灌溉的景象

鄭氏王朝的滅亡

鄭經帶兵攻打清朝失敗了，最後逃回台灣，在三十九歲時也病逝了。兒子鄭克𡒉繼位後不久，又遇害。鄭氏王朝開始動搖。

「父親大人，這麼晚了，您還不睡嗎？」陳永華的女兒看見父親緊閉著眼睛，坐在書桌前，一動也不動，不禁輕聲的問。

「唉！」陳永華搖搖頭，嘆了一口氣。

「你先去睡，我還有一些事要想一想。」他張開眼睛，看看自己的女兒，又是欣慰又是感傷。

女兒從小就十分乖巧，嫁給鄭經的長子鄭克𡒉以後，也頗得鄭家人的讚賞。他既是鄭家的重臣，又是鄭家的親家，對國事當然得付出更多心力。

當年鄭經決定帶兵和清朝作戰，出征前，將國事交給長子鄭克𡒉負責，並任命自己擔任東寧總制使，全盤輔佐鄭克𡒉處理國家大事。他並不因為自己是鄭克𡒉的岳父，就恃寵而驕，反而更竭盡心力、任勞任怨。

然而，自己的努力，竟遭來其他人的嫉妒。馮錫範、劉國軒等人，就常常有意無意的在背後閒言閒語。

「那麼賣命，還不是為了昇官發財。」

「以為得到老百姓的擁戴，就能掌握大權嗎？」

這些話，傳進他的耳裡，令他難過極了。國家正處於

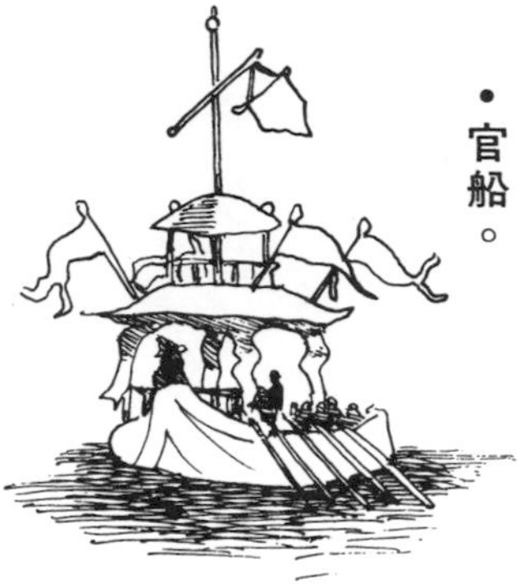

•官船。

危難時刻，反清大業不知何日才能成功；自己人不團結，還要勾心鬥角，真令他心灰意冷。

更叫人感嘆的，是鄭經作戰失敗歸來後，整天沉迷在酒色當中，已經沒有當年立誓要恢復明朝的大志了。

如果有什麼事稟告鄭經，他一定回答：「別煩我，我沒有意見。」

要不然就是：「我已經沒有力氣管這些事了，全部交給克𡒉處理。」

陳永華心裡明白，鄭經再也無法振作了；他和鄭成功不一樣，吃不了苦。如今，在上位領導的人已無雄心大志，底下的大臣又彼此猜忌；復國大業，恐怕已無指望。

「罷了！我還是自動請辭，從此不再過問國事，安安靜靜的度過我的晚年吧！」他想了很久，決定向鄭經請辭職位，解除兵權。

鄭經起初不肯答應，但是他三番兩次的上朝稟告，最後，還是勉強點頭答應了。

陳永華雖然從官府中退休了，但心中仍然擔憂國事。他鬱鬱不樂，寢食難安；三個月後，便與世長辭。

鄭經聽到陳永華去世的消息，大嘆三聲：「我失去最得力的助手了。往後，還有希望嗎？」

從此，他更加醉生夢死。有時，和宮中侍女喝得酩酊大醉；有時，帶著家臣四處打獵玩耍。不久，他便染患重病，躺臥在床，奄奄一息。

西元一六八一年，正是明永曆三十五年，鄭經病入膏盲，大夫已經束手無策了。他知道自己快要離開人世，便喚鄭克𡒉和一批大臣到床前，交待後事。

「我未能完成父親的志業，愧對祖先。今後，鄭家天下便由克𡒉繼承。」

他又對大將劉國軒說：「我們患難相從，一同出生入死。如今我先走一步，盼望你能好好輔助克𡒉。」

對著馮錫範，他也說：「此後全靠你們輔佐了。」

鄭經就此長眠地下；和父親鄭成功一樣，在三十九歲英年時期，含恨而終。總計鄭經在台灣經營了二十年。

鄭經一死，馮錫範立刻去找劉國軒商量。

「你應該知道鄭克𡒉不是鄭經的嫡長子，他哪有資格繼承王位。」

劉國軒皺起眉頭。「這是鄭家的家務事，我們是外人，不好干涉吧？」

原來，鄭經的元配夫人不能生育，鄭克壍是侍妾所生。他另外有一個異母的弟弟鄭克塽，已經和馮錫範結為親家，與馮錫範的女兒訂親。

馮錫範的目的，正是想把鄭克壍打倒，擁立自己的女婿鄭克塽繼位。

劉國軒不願介入這件爭奪王位的事，只答應馮錫範不過問、不干涉。

馮錫範又去找鄭經的弟弟鄭聰、鄭明、鄭智等人商議。只因為鄭克壍平時個性剛強，精明能幹，凡事稟公處理，得罪不少人。那些叔叔們都對他畏懼三分。

•鄭克塽當年只有十二歲。

鄭聰聽到馮錫範的意見，立刻點頭同意：「決不能讓克壓繼位。他太狂妄，根本不把我們放在眼裡。」

「是啊！他管我們管得好嚴喲！還說是為了鄭家的前途。」連鄭克壓的那些弟弟也都抱怨。

就這樣，個性強硬的鄭克壓，竟遭家族排擠。馮錫範一心要除掉他，就到鄭成功的夫人董太夫人面前造謠。

「鄭克壓雖然是您的長孫，但是他脾氣不好，驕傲得不得了，臣民都對他不服氣。如果把國家交給他，還會有希望嗎？」

董太夫人一聽，覺得不安，便傳鄭克壓入內，想叫他交出鄭經給他的印信。

沒想到，鄭克壓才走入中堂，便被馮錫範事先埋伏的部下殺害。董太夫人知道了，又是傷心又是愧恨。

鄭克壂遇害的消息傳回家中，他的妻子陳氏悲痛萬分。她一生最親愛的兩個男人——父親陳永華和丈夫都為國家犧牲性命，她無法忍受這樣的打擊。

「我活著已經沒有意義了，不如追隨克壂而去。」她哭腫了雙眼，對著鄭克壂的遺體痛不欲生。

娘家的人勸她：「你現在已有身孕，應該將孩子生下來，為克壂傳下後代呀！」

陳氏卻說：「鄭家的人連克壂都要迫害，還會在乎他的骨肉嗎？如果生下來，恐怕日後仍要遭毒手。」

娘家的人沉默下來了；爭權奪利的事件，他們聽得太多了，利慾薰心的人，什麼事都做得出來。陳氏說的話，不是沒有道理。

於是，陳氏先去請求董太夫人，以「監國」的厚禮將鄭克𡒉安葬，然後守在陵前絕食。七天後，懷著身孕的陳氏便追隨丈夫，魂歸西天了。

「真是貞節的烈女，不枉為鄭家媳婦。」董太夫人為自己一時的糊塗懊悔不已。然而，已經喚不回這一對忠貞年輕夫婦了。此後，她一直耿耿於懷，最後，在同年六月也過世了。

鄭克𡒉死後，馮錫範等人便如願的擁立鄭克塽繼位。年僅十二歲的鄭克塽，能做什麼事呢？還不是一切全聽岳父馮錫範的指揮。

掌握大權的馮錫範，並不能將國事處理好。在民心不安，國力衰危下，鄭克塽終於在西元一六八三年向清朝投降。二十二年的鄭家王朝，如風中枯葉般在台灣凋零了。

施琅進攻台灣

西元一六八三年施琅帶兵由澎湖進攻台灣，克塽立刻投降。鄭家在台灣二十二年的王朝，終於結束。

「十二歲的鄭克塽登基了？哈！鄭家氣數已盡。」

當施琅聽到鄭克臧遇害，由鄭克塽繼位時，不禁興奮的大笑出聲。

「殺父之仇，不共戴天。報仇的時刻總算來臨了。」

施琅在心裡告訴自己，他不會忘記過去的種種遭遇。

生於福建晉江的施琅，原本是鄭芝龍的部將。芝龍投靠清廷後，他便跟隨鄭成功領兵抗清。

有一次，有個士兵犯了錯，施琅沒有事先請示鄭成功，就將這個士兵處死。鄭成功非常生氣，認為他沒有遵循軍中法令，擅用職權，於是下令逮捕施琅。施琅心中畏懼，趕緊逃跑。鄭成功便殺了施琅的父親和弟弟，以顯示軍中嚴格紀律。施琅只好投降清朝，以求自保。

降清之後的施琅，經常想著如何才能報「殺父之仇」。他不斷提供各種攻打台灣的計畫，清廷也十分重用他。在明永曆十六年（西元一六六二年），請他擔任水師提督。

「我雖然是鄭家的叛將，如今卻是大清的將官。身分不同，所要做的事當然也不一樣。」施琅看準鄭家目前的

•施琅個性強悍，不肯隨便向人低頭，本來就對鄭成功管理軍隊的方法不滿意。

•水師提督：實際負責國防重鎮的軍事官員，就叫做提督，水師提督就是負責省內的水軍操練的官吏。

• 西元一六六八年（康熙七年），施琅曾上書，主張以大軍壓境，先取澎湖，再分三路進軍台灣的方式，勦撫台灣。

弱勢，立即向清廷提出攻台的建議。

清朝政府當然贊成他的意見，馬上任命他為「鎮海大將軍」，總領攻台的各路軍事。

西元一六八二年，天邊出現彗星。清朝的官員嚇壞了，馬上進宮晉見皇上。

「啟稟皇上，天空出現不尋常的景象，是不吉祥的徵兆。攻打台灣的計畫，還是暫時取消吧！」

施琅知道這件事，氣急敗壞的上書辯駁：「台灣現在局勢動亂，人心不安，正是攻打的好時機。彗星出現，只是一種自然現象，怎麼會跟攻台計畫有關呢？」

朝廷經過考慮，認為他說得有道理，便同意他繼續發兵攻台。

這時候，在台灣的鄭家，得知清廷準備進攻，趕緊派劉國軒防守澎湖。劉國軒到了澎湖之後，一方面覺得台灣的局面已不如從前，一方面也知道清朝的國勢越來越強，日子一久，實在無法抵擋，便上書清朝的康熙皇帝，要求能像朝鮮國一樣，保持獨立，只要定期入貢就好。

清朝卻回答：「台灣不能與朝鮮相比。還是趕快悔過投降，才是明智的決定。」

劉國軒畢竟是鄭家部將，仍保有骨氣，不願降清。於是，施琅便在康熙二十二年（西元一六八三年），率領三百艘戰艦，水師兩萬人，進攻澎湖。

劉國軒在澎湖沿岸設置了堅固的土壘、土牆、大砲，準備好好迎戰。

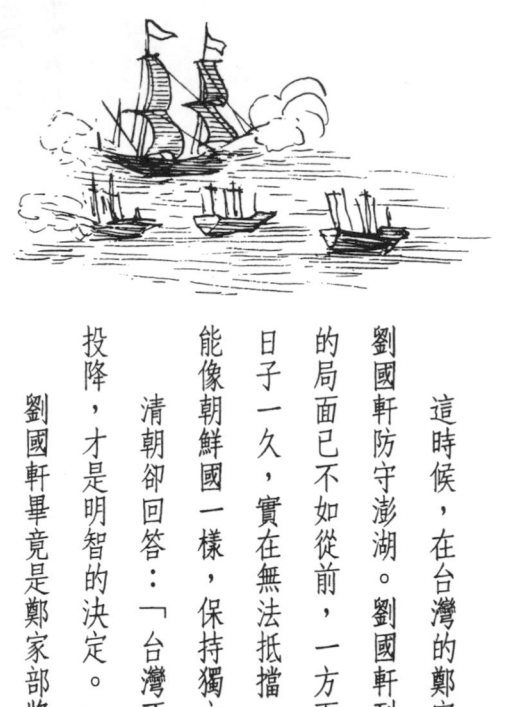

「一場生死大戰已不可避免，雖然敵強我弱，仍要奮力一戰。」劉國軒親自率領大軍，登上前線，和施琅派遣的先鋒部隊展開激烈戰爭。

這場戰爭，從早上到中午，雙方還沒有分出勝負。突然，一顆砲彈擊中清朝的先鋒將領，沒想到這位勇猛的將領卻仍然挺直站著，大叫：「我沒事，敵方的將領死了，大家衝啊！」

於是，清兵的軍威大振，劉國軒的戰艦被擊沉兩艘，他只好暫時退回。

夜裡，海風颳得很強，清軍的戰艦被吹得四處飄散。劉國軒趕緊趁這個機會進攻。施琅被箭射中眼睛，鮮血直流，但是依然堅持指揮作戰。最後，清軍以眾多的兵力和

• 西元一六八三年七月（康熙二十二年六月）清福建水師提督施琅，帶領官兵兩萬餘人、大小戰船兩百餘艘，攻打劉國軒駐守在澎湖的鄭軍，鄭軍大敗，最後只好投降。

勇猛的氣勢，一舉攻下澎湖。

劉國軒見到澎湖淪陷，只好逃回台灣。

馮錫範等人聽到戰敗的消息，馬上通令全台的士兵、百姓，照清廷的規定剃去頭髮，準備向清朝投降。

鄭克塽首先派遣馮錫範等人為代表，帶著投降的書函，以及當年鄭成功受封的「延平郡王招討大將軍印」，到澎湖向施琅投降。

幾天後，施琅親自登陸台灣，只見鄭克塽神色黯然，勉強露出苦笑迎接他；而馮錫範則在一旁大拍馬屁，說些奉承的話。施琅只是淡淡一笑，並不說什麼。

施琅看到台灣百姓生活作息安定，便下令禁止清兵破壞。

●施琅攻台時，曾以澎湖為基地，宣稱曾得當時「娘媽宮」的媽祖庇佑，西元一六八四年，清廷晉封媽祖為天后，此廟改稱「天后宮」。

「傳令下去，絕對禁止騷擾百姓；農田繼續耕種，工匠也照常工作。一切如同平日，不必改變。」

另一方面，鄭家部隊的人卻愁容滿面。「糟了，當年施琅的父親被老爺所殺，今日他一定是來復仇的。鄭家子孫大概難保性命了。」

不料，施琅不但沒有殺鄭家人，反而準備厚重的祭品，到鄭成功之廟去上香。

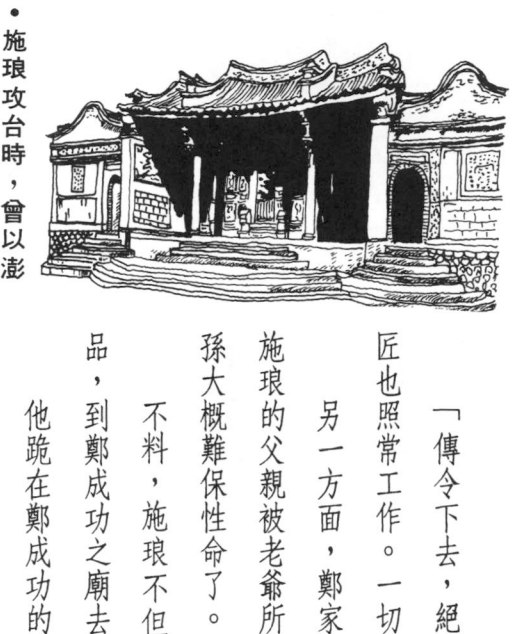

他跪在鄭成功的墓前，低聲說：「從前我追隨國姓爺十幾年，您待我如兄弟。後來，您殺了我的父親、弟弟，我無時不想報仇。」

「但是，人生如夢，往日的仇恨已經過去。您對台灣的貢獻，我十分欽佩。一切應以國家為重，我們之間的恩

・當年，鄭克塽寫了一分降表，希望清廷允許他們遷回閩南，並賜田園房屋。對明室宗親也要給予優待，寬免以前降鄭的清人等。施琅都答應了。

怨，就此結束吧！」

說完，他流下眼淚，對著鄭成功的靈位拜了又拜。旁邊的人，被他高尚的情操感動，全都安靜不語。

清廷得知戰勝的消息，十分高興。康熙皇帝立刻封施琅為「靖海侯」。然而，施琅卻上書朝廷，表示自己並不想受封爵位，只求賞給花翎頂戴就好。

「從來沒有人拒絕爵位，施琅是怎麼回事，難道他不愛功名利祿？」康熙皇帝雖然不明白施琅的想法，但也無可奈何的同意了。

施琅還請求康熙皇帝，封鄭克塽等人官位，讓他們能繼續安穩的過日子。皇上同意他的請求，一一授予鄭氏家族、將領官位。

「我這樣做，是以國家為重，不敢有任何私心。」施琅認為，如果以仇報仇，斬殺鄭家人，只會讓台灣百姓心生怨恨，何況，他也不忍心讓國姓爺的後代子孫，就這樣絕滅。

「打敗鄭家，可算是為先父出了一口氣；收歸台灣，又是為朝廷盡忠。從前的恩恩怨怨，就一筆勾銷吧！」施琅心裡這麼想。

台灣收歸清朝後，該如何處理，有許多不同的意見。幸好施琅一再上書朝廷，才保住台灣。

•清廷封鄭克塽、馮錫範爲公伯，編入漢軍旗中。封劉國軒爲伯爵，授爲天津總兵。

•收復台灣後，施琅曾隨著劉國軒巡查台灣，因此更加了解台灣的重要性。他主張力保台灣，算是一位具有遠見的人物。

自從鄭成功入台，到鄭克塽投降，鄭氏王朝一共在台灣維持明朝國力二十二年。施琅收歸台灣，使得台灣成為清朝的一部分，也實現清朝統一全國的願望。從此，有更多大陸人民到台灣來，想在這裡建立理想的家園。

施琅攻台所乘的大船

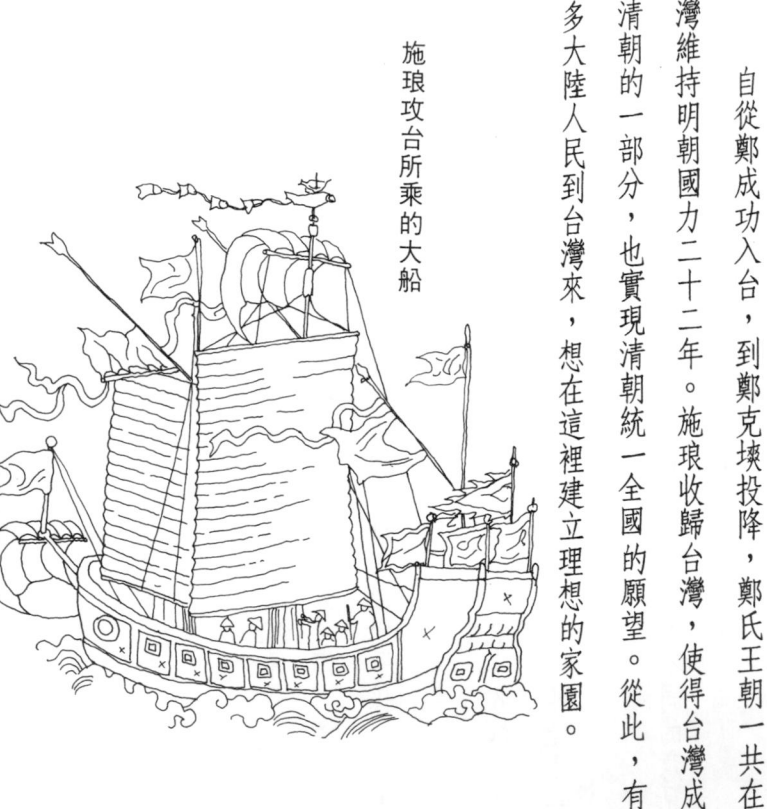

忠烈的寧靖王和五妃

隨鄭成功來台的明皇後代寧靖王和五位妃子，在台灣恢復成清朝版圖後，不肯向清朝投降，一一上吊自盡，保全名節。

暖暖的風吹過樹梢，一片金黃的葉子輕輕飄落下來。四周很靜，靜得似乎可以聽見自己的呼吸聲。

寧靖王朱術桂坐在樹下，手上的書本已經打開，但是，他卻連一個字也看不下。他一直靜靜的坐著，聽著自己有氣無力的呼吸聲。

自從明永曆十八年（西元一六六四年），他在鄭家的

•寧靖王朱術桂，是明太祖九世孫遼王的後代，最初，他被授爲輔國將軍。鄭芝龍時，才改受爲寧靖王。

•寧靖王的書法非常好。遷台後，當時承天府（後又稱赤崁卽現今的台南）許多廟宇的匾額，都是他寫的。

保護下來到台灣，至今已經有二十年了。這段時間，他在台灣受到鄭家的禮遇，又招募佃農開墾荒地，日子過得衣食無憂；他很感謝鄭家的幫助。

然而，身為明太祖九世孫的後裔，儘管生活無慮，他的心卻從來沒有安寧過。

當年，滿清入關後，他到處逃難，最後投靠鄭成功；又跟著鄭經來到台灣。雖然鄭家一直打著「反清復明」的旗幟，他心裡卻比誰都明白，明朝已經像是風雨中的孤船，勉強在台灣做最後的掙扎。

海的那一邊，大清國力日漸強盛；海的這一邊，鄭家則不時傳出權力爭鬥。想要重振國威，真是困難重重。

「唉！我只是一個讀書人，卻偏偏生在皇室。」寧靖王不時感嘆自己的身世。

他常想：「如果生在平常百姓家，也許我便能安穩的過日子。以耕種為生，閒時看書繪畫，偶而打獵出遊，那該多好。」

命運，卻總是和人開玩笑，無法令人如願。

最近，鄭家內部又有消息傳來，鄭克𡒉被馮錫範迫害，由鄭克塽繼位。年幼的克塽，什麼事都無法做主，全聽馮錫範的指揮。

「大明氣數已盡了，我感覺得出來。」他憂心的對妾婢們說。

寧靖王的元配皇妃羅氏，在來台後不久就去世。陪伴他身旁的，是兩位妾妃和侍婢，分別是袁氏、王氏、荷姑、梅姑與秀姐。

五位妾婢跟隨在寧靖王身邊，一直是最忠心的伴侶，也是忠實的聽衆。她們知道寧靖王的心事，卻無法分擔他的憂愁。處在危急的國難中，誰又能真正的「寧靖」呢？

果然，鄭克塽上位不久，便決定向清朝投降。他交出當年鄭成功受封的印信，乖乖的臣服大清。明朝，終於走進歷史，成為過去的名詞。

投降的消息傳入寧靖王耳中，他卻只是默默不語，開始整理家中財務。

他先將所有的家產送給佃農、鄰居，所住的房屋，贈給僧人當廟寺。隨後，他又將五位妾婢叫喚進來。

「從前，你們辛勤的服侍我，我無法回報。如今，我

・寧靖王的王府位於今日台南市內大天后宮、祀典武廟的地方，原名爲「一元子園」。

・寧靖王將王府捐贈出來，後來改成「大天后宮」。現今，宮中還有說明的石碑，幫助遊人了解當時的狀況。

準備一些微薄的禮物，請你們收下。」

袁氏驚訝的抬起頭，問：「殿下為什麼這樣做？」

寧靖王回答：「鄭家已經投降，你們不知道嗎？」

袁氏又說：「雖是投降，但我們可以歸順朝廷。聽說施琅已經上書康熙皇帝，請求讓我們繼續住下來。」

寧靖王搖搖頭說：「生是明朝人，死為明朝鬼。我身為明皇室後代，豈能辱沒祖先，做投降懦夫？」

他眼神堅定的看著五位妾婢，說：「我已決定，自己想辦法結束生命，留個清清白白的身體，去見在天之靈的衆位祖先。你們年紀還輕，趁早帶著財務，趕快逃出去另作打算。」

話還沒說完，五位妾婢早已大哭出聲。她們一起跪下來，淚流滿面，哽咽的說：「殿下既已決定保全名節，我們身為妾婢，又怎能苟且偷生？」

袁氏拉住寧靖王的衣袖，說：「朝朝暮暮侍候殿下，如今，怎能捨得離開。您如果活著，我們跟您一起活；您決定殉國，我們也追隨您。不過，請讓我們先死，好在黃泉路上恭候您，迎接殿下。」

五位妾婢一致點頭，望著寧靖王：「是的，請讓我們在黃泉路上迎殿下。」

寧靖王掩著臉，也是淚流滿襟。他心痛如絞，沒料到五位妾婢居然如此貞節。本想賞賜她們一些酬勞，答謝數十年來的服侍。現在，妾婢們決定一同殉國，他該怎麼勸阻呢？

原本從容就義的決心，被攪得激動不已。他摟著妾婢們，淚水溼透彼此的衣襟。

袁氏站起來，第一個走進房間；其他四人，也相繼走進去。

不一會兒，只見五人穿戴得十分隆重，一一走出房門，再分別向寧靖王拜別。

「殿下，我們先走一步了。」

「死並不可怕，為國家殉身，決不後悔。」

「在黃泉之下，我們又能團聚。到時，再像從前一樣，好好服侍殿下。」

寧靖王早已泣不成聲。

五位妾婢拜別完之後，便走回房間，一起上吊身亡。

・五位妾婢一起自縊在她們寢宮的前梁，即現今大天后宮後殿前橫梁。

寧靖王為她們收殮，只留下一個空棺，準備給自己用。他又拭去淚水，拿起筆，沾上飽滿的墨汁，在雪白的牆上題詩，以表明自己的心意。

艱辛避海外
總為數莖髮
於今事畢矣
祖宗應容納

詩的內容是說，自己避居海外，只因不願剃去頭髮，投降清廷。而今大事已定，自己忠君愛國的心意，祖宗應該能明瞭。

寫完詩，他又穿戴好衣冠，打開大門，面向大陸河山遙遙祭拜。

「該做的事都已完成，我可以安心的走了。」

他準備好一條長長的環帶，掛到堂上的梁柱上。他在淚眼中想著：「生逢亂世，卻不能為國家盡力，內心真是痛苦萬分。」

他踩上一把椅子，又對自己說：「今天穿著大明衣冠而死，也算對得起列祖列宗了。」

就這樣，寧靖王也上吊自盡。

生前，他擅長文章和書法，沉默寡言，品格高潔，受到鄭家上下的尊重。死後，更受到軍民百姓的崇敬，將他和五位忠貞節烈的妾婢隆重的安葬。

•寧靖王的墓和廟位於今日的高雄縣路竹鄉。
•五妃墓位於台南市。後人所增建的五妃廟，已被指定爲一級古跡。

為了紀念他們的忠烈，後人便在寧靖王墓前，蓋了一座「寧靖王廟」。五位妾婢，也被恭稱為「五妃」，在墓前，也蓋了「五妃娘娘廟」。

一直到現在，靈前仍香火不斷，以感念他們的氣節。

台灣歷史故事❶原住民與鄭氏王朝的時代〔史前-1683〕

1996年6月初版　　定價：新臺幣200元
2017年8月初版第二十二刷
2018年9月二版
2021年5月二版三刷

顧問　曹永和
審訂　台北市國小社會科輔導團
資料編輯　林淑玫
故事　王淑芬
叢書主編　黃惠鈴
封面設計、繪圖　張振松
內頁繪圖　高文麒、李月玲、楊政輯、韓光耀
美術編輯　陳介祜、盧朋、楊麗雯

副總編輯　陳逸華
總編輯　涂豐恩
總經理　陳芝宇
社長　羅國俊
發行人　林載爵

出版者　聯經出版事業股份有限公司
地址　新北市汐止區大同路一段369號1樓
叢書主編電話　(02)86925588轉5313
台北聯經書房　台北市新生南路三段94號
電話　(02)23620308
台中分公司　台中市北區崇德路一段198號
暨門市電話　(04)22312023
郵政劃撥帳戶第0100559-3號
郵撥電話　(02)23620308
印刷者　世和印製企業有限公司
總經銷　聯合發行股份有限公司
發行所　新北市新店區寶橋路235巷6弄6號2F
電話　(02)29178022

行政院新聞局出版事業登記證局版臺業字第0130號

本書如有缺頁，破損，倒裝請寄回台北聯經書房更換。　ISBN 978-957-08-5187-8 (平裝)
聯經網址 http://www.linkingbooks.com.tw
電子信箱 e-mail:linking@udngroup.com

國家圖書館出版品預行編目資料

台灣歷史故事①原住民與鄭氏王朝的時代
〔史前-1683〕/王淑芬故事．二版．新北市．
聯經．2018.09．206面；14.8×21公分．
ISBN　978-957-08-5187-8(平裝)
[2021年5月二版三刷]

1.台灣史　2.歷史故事

733.21　　107016380